DWY DDRAMA HA HA! 3

OLI a
Y BWLDOSER

Cynllun y clawr wedi'i godi o lun Clwb Ffermwyr Ifanc Pontsiân yn perfformio'r ddrama 'Oli', sy'n rhan o'r gyfres hon, gan Carwyn Blayney, Cennydd Jones ac Endaf Griffiths a ddaeth yn fuddugol yng Ngwledd Adloniant C.Ff.I. Cymru yn Galeri, Caernarfon, ym mis Chwefror 2020.

YN Y LLUN: *(o'r chwith)* Cennydd Jones, Carwyn Blayney, Glesni Mai Thomas, Gwion Ifan, Siriol Teifi ac Endaf Griffiths

Argraffiad cyntaf: 2021
Hawlfraint: yr awduron

Cedwir pob hawl.
Ni chaniateir atgynhyrchu unrhyw ran o'r cyhoeddiad hwn,
na'i gadw mewn cyfundrefn adferadwy, na'i drosglwyddo mewn
unrhyw ddull na thrwy unrhyw gyfrwng, electronig, electrostatig, tâp magnetic,
mecanyddol, ffotogopïo, recordio, nac fel arall.
Mae'r awduron yn rhoi caniatâd i bob cwmni drama cymdeithasol i berfformio'r
dramâu hyn fel rhan o nosweithiau a chystadlaethau a gwyliau drama.
Nid oes rhaid cysylltu â'r awduron i sicrhau'r caniatâd hwnnw ac ni chodir
tâl perfformio am y cynyrchiadau hynny.

Rhif Llyfr Safonol Rhyngwladol: 978-1-84524-409-5

Cynllun clawr a dylunio: Eirian Evans

Cyhoeddir gan bwyllgor Gŵyl Ddrama'r Odyn
gyda chymorth Cronfa Fferm Wynt Coedwig Clocaenog
a nawdd Gwasg Carreg Gwalch, Llanrwst

Yr Odyn, papur bro Nant Conwy, oedd y papur bro cyntaf i gynnal Gŵyl Ddrama flynyddol er mwyn codi arian at gynnal y papur. Cynhaliwyd y gyntaf yn 1978 ac o'r dechrau un daeth doniau a miri cymdeithasol yr ŵyl yn rhan o galendr blynyddol yr ardal. Mae'r ŵyl yn dal i gael ei chynnal yn flynyddol – er bod cyfnod clo'r pandemig diweddar wedi golygu gohirio'r ŵyl ddiweddaraf. Mae'r ŵyl hon yn anad yr un arall felly yn ymwybodol o'r angen am fwy o ddramâu cymdeithasol i gadw'r math hwn o ddiwylliant yn fyw yn ein cymunedau. Dyna pam yr aeth y pwyllgor ati i gasglu dwsin o ddramâu defnyddiol at ei gilydd a threfnu'r nawdd fel bod modd adfer y math hwn o fwrlwm theatrig a oedd yn rhan o ddiwylliant Cymru yn y gorffennol.

OLI

gan

Carwyn Blayney, Cennydd Jones ac Endaf Griffiths

Perfformiwyd y ddrama hon gyntaf gan Glwb Ffermwyr Ifanc Pontsiân a ddaeth yn fuddugol yng Ngwledd Adloniant C.Ff.I. Cymru yn Galeri, Caernarfon, ym mis Chwefror 2020.

OLI

CRYNODEB

Er mwyn creu argraff dda ar ei phennaeth yn yr ysgol, mae Sara a'i gŵr Richard yn penderfynu cynnal noson Murder Mystery. Er mai gêm yw'r cyfan, a oes llofrudd go iawn ymhlith y cwmni?

CYMERIADAU:

SARA	27	Athrawes yn Ysgol Gyfun Pwll Mawr sy'n awyddus i gael dyrchafiad yn y gwaith.
RICHARD	27	Mae Richard yn briod â Sara. Dyw e ddim allan o waith, mae e jyst 'rhwng swyddi'.
DORIAN	30	Un o'r ychydig bethau a wyddom â sicrwydd am Dorian yw ei fod yn byw'r ochr arall i'r hewl.
DR ELWYN JONES	44	Llyfrgellydd a gŵr Mair Jones.
MAIR JONES	43	Prifathrawes Ysgol Gyfun Pwll Mawr.
GWENLLIAN EOS	27	Un o ffrindiau gorau Sara. Bu'r ddwy yn y brifysgol gyda'i gilydd.
PÎT	31	Cenedlaetholwr cecrus a chariad newydd Gwenllian.
MARED GREFI	45	Perchennog siop anifeiliaid anwes.

Ar y llwyfan, gwelwn yr ystafell fyw, y fynedfa i'r tŷ ac, ar un ochr, yr ystafell ymolchi. Yn yr ystafell fyw, mae yna soffa esmwyth, caets bochdew ar fwrdd yn y cefn, a mynedfa i'r gegin.

Mae un pwll o olau yn goleuo pwynt ynghanol y llwyfan. Mae RICHARD yn sefyll yn y golau.

RICHARD: Bydd rhaid i fi ddweud. Bydd rhaid i fi ddweud wrthi! Ond... dim heno... dim nawr gyda... gyda phawb 'ma!

Mae'r golau yn pylu ac yn codi eto. Y tro hwn, mae MAIR ac ELWYN yn y pwll o olau.

MAIR: Sai'n siŵr, Elwyn. Y cywilydd! Ti'n meddwl neith hynny weithio?
ELWYN: Oes gen ti syniad gwell?

Mae'r golau yn pylu ac yn codi eto. DORIAN sydd yn y pwll o olau.

DORIAN: O na... O na... Be' dw i 'di neud?!

Mae'r golau yn pylu ac yn codi eto. Mae GWENLLIAN a PÎT yn y pwll o olau.

PÎT: Paid panico! Ti heb neud dim, nagwyt ti?
GWENLLIAN: Wel nadw, wrth gwrs!
PÎT: Felly jyst dwed y gwir wrthyn nhw!

Mae'r golau yn pylu am y tro olaf. Yna, clywn gerddoriaeth *Only You* gan y band Yazoo. Mae'r golau'n codi'n raddol ac yn goleuo'r llwyfan. Gwelwn RICHARD yn yr ystafell ymolchi.

Mae RICHARD yn brwsio ei ddannedd. Mae'n gwisgo dim ond crys-T a phants.

Yna, mae SARA yn cerdded i mewn i'r ystafell fyw. Mae SARA wedi gwisgo'n smart, yn barod am barti. Wrth glywed y gerddoriaeth mae SARA yn diffodd y chwaraewr CD ac yn tynnu'r disg allan yn ffyrnig. Mae'r gerddoriaeth yn stopio.

Mae RICHARD yn sylwi ar hyn, ac yn codi ei ben.

SARA: Richard?!
RICHARD: Ie?
SARA: Ro'n i'n meddwl ein bod ni wedi cytuno bod ti ddim yn chware hwn heno?
RICHARD: (Saib) D... dofe?
SARA: Wyt ti'n barod?
RICHARD: Ydw!

Mae RICHARD yn dal i fod yn ei bants.

SARA: Dere mas i fi gael gweld ti de!
RICHARD: Jyst angen i fi roi crys a thrywsus 'mlaen a bydda i'n barod!
SARA: Fe wna i roi munud i ti! Ni dal angen hwfro rownd y lle 'ma!
RICHARD: Ocê!

Mae SARA yn gadael yr ystafell, gan dynnu'r *singing fish* oddi ar y wal ar ei ffordd allan.

Mae RICHARD yn gadael yr ystafell ymolchi ac yn gwisgo'i grys.

RICHARD: Hei! Ble mae'r pysgodyn 'di mynd? (Saib) Sara?

Mae SARA yn ailymddangos.

SARA: Richard, mae heno'n bwysig iawn i fi!
RICHARD: Ie, so be' ddigwyddodd i *Big Mouth Billy Bass*?
SARA: Mae bòs fi'n dod draw, cariad. Dim heno yw'r noson i gael tegan ar y wal!
RICHARD: Dim tegan yw e – mae e'n *collectable*!
SARA: Na, Richard. Dyw e ddim yn siwto awyrgylch y noson.
RICHARD: Ond mae e'n ffyni!
SARA: Pysgodyn yn canu – ie, hileriws.
RICHARD: *Exactly*!
SARA: Ro'n i'n bod yn *sarcastic*!
RICHARD: Efalle fydd gŵr Mair yn joio pysgota?
SARA: Richard, plîs...

Mae SARA yn amlwg yn poeni am y noson. Mae hi'n dal dwylo RICHARD ac yn siarad iddo fel petai'n blentyn.

SARA: Mewn hanner awr, bydd fy mhennaeth yn cyrraedd, a ti'n deall bod hwn yn adeg gyffrous iawn i fi yn yr ysgol, yndwyt?

RICHARD: Fe wnes di sôn, do.
SARA: Felly mae heno jyst yn... ti'n gwbod... cyfle i greu argraff dda!
RICHARD: Ai chware'r gêm *Murder Mystery* yw'r ffordd ore i greu argraff dda?
SARA: Mair sy' wedi sôn ei bod hi ishe neud *Murder Mystery*. Odd hi'n meddwl y bydde fe'n syniad da fel *team bonding* i'r staff rywbryd. A tha beth, mae e'n ffordd dda o gael pobol i gymysgu – siarad gyda'i gilydd. Felly Richard, plîs – bihafia heno!
RICHARD: Www! *Yes miss!* Ife? Ie?
SARA: (Mae'n ochneidio) Sy'n golygu dim jôcs!
RICHARD: Beth?
SARA: Achos mae Mair ac Elwyn yn bobol bwysig yn yr ardal. Os byddwn ni'n eu plesio nhw heno, byddwn ni...
RICHARD: Ocê... Ocê. Fi'n deall.
SARA: Reit, mae'n rhaid i ti sorto Oli mas, ocê? Cyn i bobol ddechre cyrraedd.
RICHARD: Beth?
SARA: Cer i sorto fe mas!

Mae SARA yn gadael y llwyfan.

RICHARD: Ocê. Be' ti'n feddwl "sorto fe mas"? Angen bwyd ife?

Mae RICHARD yn gwneud ei ffordd draw at y caets.

RICHARD: Sara?! (Saib) Iawn. Hei Oli! Hei!

Mae RICHARD yn chwibanu ato, fel petai'n gi. Yna, mae'r gloch yn canu.

RICHARD: O, blincin hec... Pwy sy'...? (Dyw RICHARD ddim yn gallu dod o hyd i'r bwyd) O, Sara, ble wyt ti'n cadw bwyd y bochdew? (Saib) Sara?!

Mae'r gloch yn canu eto.

RICHARD: O, fi'n dod!

Mae RICHARD yn penderfynu rhoi sosej rôl i'r bochdew. Mae'n agor y caets ac yn rhoi'r sosej rôl yn ei ddysgl.

RICHARD: 'Co ti. Gei di sosej rôl – trît bach!

Mae RICHARD yn mynd i ateb y drws. DORIAN sydd yno gydag anrheg yn ei law.

RICHARD: Dorian! Ti... ti bach yn gynnar...
DORIAN: Rwy'n hoffi bod yn brydlon, Richard, yn enwedig gyda thraffig nos Sadwrn. Chi byth yn gallu bod yn rhy siŵr.
RICHARD: Ie. Wow, beth? Ti ond yn byw'r ochr arall i'r hewl?
DORIAN: Wel, mae'r lle'n edrych yn hyfryd 'da chi!
RICHARD: O. Diolch.
DORIAN: Doedd dim angen i chi neud yr holl ymdrech 'ma jyst i fi!
RICHARD: Wel, mae 'na sawl person arall yn dod 'fyd, Dorian – bydde fe ddim yn lot o *Murder Mystery Night* os taw dim ond tri pherson oedd yn neud e...

Mae SARA yn dychwelyd i'r llwyfan.

SARA: O...
DORIAN: 'Co hi! Y *Queen*!
SARA: Shwmae Dorian? Ti'n... gynnar...
DORIAN: *Queen of the House!*
SARA: Diolch, Dorian.
DORIAN: Mwy fel *Queen of the Street*, ife? (Mae'n chwerthin ar ben ei jôc ei hun) Dere 'ma de, mae hyd yn oed y Cwîn yn gallu cael cwtsh!
SARA: Sori?
DORIAN: Dere 'ma!

Mae DORIAN yn rhoi cwtsh lletchwith, caled iddi, gan wasgu'r aer allan ohoni.

DORIAN: Hei! Fi'n edrych 'mlaen i hwn heno.
SARA: O grêt. Fi'n siŵr gewn ni sbort...
DORIAN: Chi'n gwbod, fi wir yn ddiolchgar. Www... ac mae hwn i ti, Sara.

Mae DORIAN yn rhoi'r anrheg i SARA.

SARA: O, Dorian!
DORIAN: Jyst rhywbeth bach i ddiolch i chi am noson hyfryd, yndife.

Mae SARA yn agor y bocs ac yn tynnu bra ohono.

SARA: Ym, Dorian... ti'n siŵr bod hwn i fi?
DORIAN: Wel, dyw e ddim i Richard, nagyw e?
SARA: Dorian... sai'n gwbod be' i'w ddweud. Doedd dim angen i ti.
DORIAN: Wel, ti'n gwbod...
SARA: Na, wir nawr. Doedd dim angen i ti. (Mae'n meddwl am esgus) O! Sori! Sai'n meddwl y bydd y rhein yn ffito fi! O, am siom!

Mae SARA yn rhoi'r anrheg yn ôl i DORIAN.

DORIAN: O, na – rili? Ond, maen nhw'r un maint â'r rhai sy' 'da chi mas ar y lein!
SARA: Sori?
RICHARD: Fi jyst yn mynd i roi 'nhrywsus 'mlaen, Dorian, a bydda i'n ôl!
SARA: O, ym, Richard? Ga i air 'da ti yn y gegin?

Mae SARA a RICHARD yn gadael, a dim ond DORIAN sydd ar y llwyfan.

Mae DORIAN yn crwydro'r ystafell fyw. Mae'n sylwi ar ddau lun ger y lle tân – y naill o RICHARD a'r llall o SARA. Mae'n troi'r llun o RICHARD am i lawr, cyn parhau i grwydro'r ystafell.

DORIAN: Fi'n lico be' chi wedi neud 'da'r lle 'ma! Mae 'na *feng shui* dda ma!

Mae'n agor ei got ac yn tynnu persawr o'i boced ac yn chwistrellu ei hun. Yna, mae'n sylwi ar y caets.

DORIAN: O! Wel, helô? Ble wyt ti bach? Ble wyt ti? (Saib) O, cysgu siŵr o fod. Dere nawr, dere i Wncwl Dorian...

Mae DORIAN yn agor y caets ac yn tynnu Oli o'i wely. Mae'n sylwi ei fod wedi marw.

DORIAN: O... O na... Plîs! (Saib) Sara? Sara?! Ydy'r bochdew'n *allergic* i *Eau De Toilette, Georgio Papelle?*

Does neb yn ateb. Mae RICHARD yn ailymddangos.

RICHARD: Sori, ro'n i jyst angen... (Mae'n sniffio) Be' yw'r smel 'na?
DORIAN: O, ym, jyst rhywbeth bach nes i...

RICHARD: Smelo fel se rhywbeth wedi trigo mewn 'ma!
DORIAN: Na! Na!
RICHARD: Ti'n iawn Dorian?
DORIAN: Ydw...

Daw SARA yn ôl i'r llwyfan, yn frysiog.

SARA: Ti wedi neud rhywbeth fel hyn o'r blaen de, Dorian?
DORIAN: Beth?! Na!
SARA: O, sori. Ro'n i'n meddwl efalle dy fod di wedi chware *Murder Mystery* o'r blaen.
DORIAN: O! Y gêm! Ym... Do, sori... Fi 'di neud e unwaith o'r blaen, yn ôl pan gethon ni aduniad blwyddyn ysgol ryw dro.
SARA: O, neis.
DORIAN: Ie, ond hwn yw'r tro cynta' go iawn, yndife, achos fi oedd yn chware rhan y corff bryd 'ny. Felly dim ond gorwedd yn llonydd am dair awr oedd rhaid i fi neud.
RICHARD: Ti oedd y corff?
DORIAN: Ie.
RICHARD: Sai byth 'di chwarae fersiwn fel 'na o'r blaen. Siŵr dy fod di wrth dy fodd pan ddatgelon nhw'r llofrudd de?
DORIAN: Wel, a dweud y gwir, nes i byth ffeindio mas pwy oedd y llofrudd – ro'n i mewn stafell arall, chi'n gweld, gyda'r gole bant...
RICHARD: Reit...
DORIAN: Yn borcyn.
SARA: Wel, sori Dorian, ond do'n ni ddim yn disgwyl i bobol gyrraedd mor fuan.
DORIAN: Sori, ble mae'r tŷ bach?
SARA: Syth trwy'r drws fyna.

Mae DORIAN yn mynd i'r ystafell ymolchi gan chwerthin yn lletchwith ar y ffordd. Mae corff marw Oli yn ei ddwylo y tu ôl iddo.

SARA: Mae 'da fi lwyth o bethe ar ôl i'w neud yn y gegin! Rich, dere 'da fi.

RICHARD: Iawn twts!

Mae SARA a RICHARD yn gadael y llwyfan.

Mae golau'r ystafell fyw yn pylu wrth i ffocws y ddrama symud i'r ystafell ymolchi.

DORIAN: O na... O na... Be' dw i 'di neud?! Damo di, *Georgio Papelle*! Damo di!

Mae DORIAN yn taflu'r *aftershave* i'r bin.

DORIAN: Roedd e jyst yn gorwedd yn y caets... yn dawel. O, fi ffaelu credu hyn! Fi 'di neud e 'to! Yn gynta', Julie... y pysgodyn aur! Do'n i ddim yn gwbod bod angen dŵr arni drwy'r amser! Ac wedyn Gari... y Gerbil! Ar ôl gweld e'n rhedeg yn yr olwyn, ro'n i'n meddwl y bydde fe'n joio sbin bach yn y *tumble dryer*!
A nawr ti... O na! Shwt alla i wynebu nhw?

Mae'r gloch yn canu.

Mae DORIAN yn neidio i'w draed ac yn gadael yr ystafell ymolchi.

Mae'r golau bellach yn codi ar weddill y llwyfan, ac yn tywyllu rywfaint ar yr ystafell ymolchi.

DORIAN: Fe wna i nôl e!

Mae DORIAN yn cuddio'r bochdew y tu ôl i glustog ar y soffa.

DORIAN: Dyna ni! Problem rhywun arall yw e nawr!

Mae DORIAN yn mynd i ateb y drws.

DORIAN: Shwmae? Croeso! *Bienvenue*!

Mae MAIR ac ELWYN wedi cyrraedd.

MAIR: Helô! Sori ein bod ni braidd yn gynnar. Gobeithio nad yw hynny'n broblem?
DORIAN: Na, dim problem o gwbwl! Dewch mewn, dewch mewn!
ELWYN: Diolch, diolch yn fawr.
DORIAN: O! A be' yw hwn? Eich costiwm chi ife?
ELWYN: Costiwm?
DORIAN: Pa ran y'ch chi'n chware yn y gêm heno? Y *boring accountant* neu rywbeth, ife?
MAIR: Na. Dyma'r gŵr – Doctor Elwyn Jones.
DORIAN: O! Doctor! Eich mawrhydi! Ro'n i'n arfer gweithio fel *neurosurgeon*, pa faes y'ch chi ynddo?
ELWYN: Na, Doctor mewn Athroniaeth ydw i.

DORIAN: O... wel, o leia' dim *boring accountant* de.
MAIR: Na, mae Doctor Elwyn Jones yn un o brif lyfrgellwyr Ceredigion.
DORIAN: Waw! Gadewch i fi gymryd eich cotie. Dewch â nhw 'ma.
MAIR: Diolch yn fawr i chi, a braf cwrdd â chi o'r diwedd, Richard. Mae Sara wedi dweud cymaint amdanoch chi.
DORIAN: Richard? O na, dim Richard ydw i...
MAIR: Sori?
DORIAN: Ym, wel, ie – hyfryd cwrdd â chi 'fyd. Mae Sara wrth ei bodd yn gweithio i chi.
MAIR: Wel, mae hi wedi setlo mewn i deulu'r ysgol. Mae'n rhan hanfodol o'r tîm erbyn hyn.
DORIAN: O, gwych.
MAIR: Ac mae'r plant yn mwynhau gyda hi.
DORIAN: O, fi'n mwynhau gyda Sara 'fyd! Nawr, gwnewch eich hunan yn gartrefol. Bydda i'n ôl nawr.

Mae DORIAN yn arwain MAIR ac ELWYN draw at y soffa. Mae DORIAN yn gadael am y gegin (ac yn gadael y llwyfan).

ELWYN: (Mae'n sniffio) Mae rhywun yn gwisgo *Georgio Papelle* yn y tŷ 'ma. (Mae'n sylwi bod MAIR yn edrych ychydig yn anghyfforddus) Popeth yn iawn?
MAIR: Ie, jyst... credu mod i'n...

Mae MAIR yn edrych i weld beth sydd y tu ôl i'r glustog ac yn darganfod Oli.

Mae MAIR yn sgrechian, ond yn llwyddo i roi ei dwylo dros ei cheg.

ELWYN: Be' sy'?

Mae MAIR yn pwyntio at y bochdew.

ELWYN: Arglwydd mawr!
MAIR: Shhhh!
ELWYN: (Mae'n rhoi ei glust yn agosach at y bochdew) Ti 'di lladd e!
MAIR: Wel, pwy synnwyr sy' mewn gadael i fochdew – os mai dyna beth yw e – i redeg o gwmpas y tŷ?
ELWYN: 'Sdim pyls! (Saib) 'Sdim fflipin pyls, Mair!
MAIR: Wrth gwrs 'sdim pyls! Mae'n rhaid bo' fi wedi eistedd ar ei ben ac... wel...

ELWYN: Ei ladd e!
MAIR: O, Elwyn!
ELWYN: Paid â gofidio nawr, Mair. Maen nhw'n bobol neis, ddeallus. Fe newn ni ddweud y gwir wrthyn nhw – megis oedolion.
MAIR: Ie, ti'n iawn.

Mae'r gloch yn canu.

ELWYN: O fflipin hec!

Mae ELWYN yn gafael yn y bochdew ac yn ei guddio yn ei boced.

MAIR: Elwyn?!
ELWYN: Shwsh, Mair!

Mae SARA yn dychwelyd i'r ystafell ac yn mynd i gyfeiriad y drws ffrynt.

SARA: (Mae'n sylwi ar MAIR ac ELWYN) Wel, helô! Ers pryd y'ch chi 'di cyrraedd?
MAIR: Noswaith dda, Sara fach. Shwd wyt ti?
SARA: Da iawn diolch, Mair! Ond, pwy... shwd ddaethoch chi mewn? Mae Richard wedi bod 'da fi a heb hyd yn oed sôn eich bod chi 'ma!

Mae'r gloch yn canu eto.

Mae DORIAN yn dychwelyd i'r llwyfan ac yn mynd am y drws gyda thywel dros ei fraich.

DORIAN: Fe wna i nôl e! Fe wna i nôl e!
SARA: Dorian?

Mae DORIAN yn ateb y drws.

DORIAN: Shwmae? Shwmae?

PÎT a GWENLLIAN sydd yno.

PÎT: Henffych! Henffych!
DORIAN: Dewch mewn! Dewch mewn! 'Sdim ishe i chi dynnu eich sgidie.
SARA: Ym, Dorian... ti ddim yn byw 'ma! Ti'n gwbod hynny, yndwyt ti?
GWENLLIAN: Sara!

SARA: Gwen! Helô!

Mae GWENLLIAN a SARA yn cael cwtsh.

Yn y cyfamser, mae ELWYN a MAIR yn trafod yn dawel bach â'i gilydd beth maen nhw'n mynd i'w wneud â chorff Oli.

PÎT: Wel, dw i'n edrych 'mlaen i hwn heno, Sara! *Excited.com*!
GWENLLIAN: Nethon ni un o'r rhein dros y flwyddyn newydd gyda theulu Pît. Lot o sbort!

Mae PÎT yn nesáu at ELWYN.

PÎT: (Gan roi sioc i ELWYN) Ife ti yw'r llofrudd?!
ELWYN: Beth?! Na! Mair oedd wedi...
PÎT: Jôc! Jôc, wrth gwrs! Shwmae? Pît – gyda tho ar yr i dot. Dim P-E-T-E.
ELWYN: Shwmae Pît? Elwyn...
MAIR: (Gan ei gywiro) Doctor Elwyn Jones!
PÎT: Dyma Gwenllian Eos...
GWENLLIAN: Helô! Waw – chi'n edrych yn smart!
MAIR: Diolch. Mair – Prifathrawes Ysgol Gyfun Pwll Mawr.
SARA: Fi mor sori – mae Richard y gŵr o gwmpas y lle yn rhywle.
MAIR: Wel, dim Richard yw fe fyna?

Gan gyfeirio at DORIAN.

SARA: Beth?! Mair! Dorian yw hwnna! Y boi sy'n byw'r ochr arall i'r hewl...
MAIR: O, fe.
SARA: Ie.
MAIR: Yr un sy'n brido fferets?
SARA: Ie.

Mae RICHARD yn cyrraedd.

RICHARD: Helô, helô!
SARA: Dyma fe, o'r diwedd!
RICHARD: Lot o bobol! Oes rhywbeth 'mlaen heno de?

Mae RICHARD yn chwerthin ar ben ei jôc ei hun.

SARA: Richard, dyma Pît – cariad Gwenllian.

PÎT: O, chi yw Richard?
SARA: A dyma Mair ac Elwyn.
MAIR AC ELWYN: Shwmae Richard? / Helô, shwd y'ch chi?
RICHARD: Helô! O! Y bòs mawr, *scary* a chas, ife?
MAIR: Wel...
RICHARD: Mae Sara wedi dweud tipyn amdanoch chi!
SARA: Nes i byth dweud *scary* na chas!
RICHARD: Na. Na, fi'n siŵr nad y'ch chi'n *scary*. Jyst, chi'n gwbod, fel... fel bòs yndife?
MAIR: Prifathrawes.
RICHARD: Ie, wel... eniwê. Pwy sy' 'da ni fan hyn yn y costiwm *Wallace and Gromit*, de?
MAIR: Dyma Doctor Elwyn Jones.
ELWYN: Shwmae Richard?

Mae'r ddau yn ysgwyd llaw.

RICHARD: Helô Doctor Elwyn Jones!
ELWYN: Plîs – galwch fi'n Elwyn.
RICHARD: A galwa fi'n Richard.
ELWYN: Shwmae Richard?
RICHARD: Hei – *quick fire question* i chi – y'ch chi'n fois pysgota?
ELWYN: Wel, ydw, digwydd bod!
RICHARD: A! Be' ddwedes i Sara?!
SARA: Ie, ocê...
RICHARD: Mae 'da fi rywbeth fydd rhaid i ti weld. Mae e'n hileriws! Rili clyfar!
ELWYN: O, ie?
SARA: Ym, Richard... Dim nawr, plîs.
PÎT: Hei, mae'r lle'n edrych yn grêt 'da chi.
RICHARD: Wel, diolch – a chi 'fyd. Ymm...
SARA: Sori, mae e wedi bod yn ddiwrnod prysur i ni heddi...
RICHARD: Ie.
PÎT: Mae pawb yn brysur y dyddie 'ma! Yr oes fodern!
RICHARD: Ie.
PÎT: Popeth *on demand*! Pawb yn gweithio gormod!
RICHARD: Ie wir!
PÎT: A beth yw dy waith di o ddydd i ddydd, felly, Richard?
RICHARD: Ym, fi?

PÎT: Ie.
RICHARD: Fi... fi rhwng swyddi ar hyn o bryd, ti'n gwbod. Ishe setlo mewn i'r... ti'n gwbod. Lot o bethe gwahanol ar y go.
SARA: Hei, dewch i eistedd a gewn ni gwd sgwrs bryd hynny, ife?
DORIAN: (Gan fynd am y platied o sosej rôls sydd ar y bwrdd) Helpwch eich hunen i sosej rôl!
PÎT: (Mae'n sylwi ar DORIAN) Iawn gyfaill? Pît. Gyda tho ar yr i dot.
DORIAN: Shwmae? Dorian... gyda dot ar yr i dot.
PÎT: Ti'n byw'r ochr arall i'r hewl ife?
DORIAN: Ie, ond fi hefyd yn un o ffrindie gore Sara a Richard... bron yn rhan o'r teulu erbyn hyn.
PÎT: A beth yw dy waith di, felly?
DORIAN: Gweithio gartre ydw i ar hyn o bryd – *business management*, math o beth.
PÎT: Grêt! Gyda phwy?
DORIAN: Gydag *Avon*. Fi sy'n gyfrifol am ddelifro catalogs i'r ardal 'ma.
PÎT: Grêt.
DORIAN: Ond cyn hynny, ro'n i'n dreifo'r fan fara, felly bach o *Jack of all trades* rili.
PÎT: Hei, casgliad da o DVDs gen ti, Richard. *Impressed.com*!
RICHARD: O, diolch. Ie, fi'n real boi ffilms. Mae 'da fi TGAU mewn Cyfrynge, ti'n gweld.
PÎT: Reit.
RICHARD: Ti'n boi ffilms, Elwyn?
MAIR: Peidiwch â sôn!
ELWYN: Wel, mae Mair yn hoff o wylio ffilm bob hyn a hyn, ond y trwbwl sydd gen i yw 'mod i'n cwympo i gysgu o hyd!
MAIR: Mae'n iwsles!
ELWYN: Dw i wedi gwylio dechre'r *Titanic* bum gwaith erbyn hyn, a does dal ddim syniad gen i sut mae'n gorffen... Beth sy'n digwydd pan maen nhw'n cyrraedd Efrog Newydd? Yw Jack a Rose yn priodi?
PÎT: Reit.
SARA: Reit, drincs. Beth mae pawb ishe?
MAIR: Sori Sara, ble mae'r tŷ bach?
SARA: Syth trwy'r drws 'na fyna.

MAIR:	Grêt, diolch. Elwyn?
ELWYN:	Beth?
MAIR:	Dere!
ELWYN:	O, ie. Esgusodwch fi, gyfeillion. Bydda i'n ôl nawr.
DORIAN:	We-hei! Mae'r parti 'ma'n dechre mynd yn wyllt yn barod! *Fair play, chief*! (Mae DORIAN yn taro pen-ôl ELWYN)
MAIR:	O, na! Dim o gwbwl! Mae angen help Elwyn arna i gyda... gyda'r sip ar y ffrog – mae e'n jamo o hyd!
SARA:	Ocê... Felly, beth mae pawb ishe i yfed?

Mae ELWYN a MAIR yn mynd i'r ystafell ymolchi ac mae ffocws y goleuo yn newid. Mae golau'r ystafell fyw yn pylu ac mae'r golau'n canolbwyntio ar yr ystafell ymolchi. Mae gweddill y parti yn parhau – rhai yn mynd i eistedd, SARA yn dod â diodydd ac ati.

ELWYN:	Wel? Be' sy'?
MAIR:	Ble mae e?
ELWYN:	Mair, ymlacia!
MAIR:	Sut yn y byd ydw i fod i ymlacio?! Mae gen i waed ar fy nwylo!
ELWYN:	O, trosiad hyfryd...
MAIR:	Diolch.
ELWYN:	Ond dyw e ddim yn wir! Damwain oedd e!
MAIR:	Ni newydd gyrraedd – dyw'r gêm heb hyd yn oed dechre 'to – ac o fewn pum munud, dw i wedi llofruddio rhywbeth go iawn!
ELWYN:	Mair. Gwranda. Ti'n cofio Mared?
MAIR:	Mared Grefi?
ELWYN:	Ie. Wel mae gan Mared siop anifeiliaid anwes 24 awr y dydd. Fe allwn ni ei ffono hi...
MAIR:	Beth?
ELWYN:	Gewn ni fochdew newydd 'ma whap... un sy'n union yr un lliw â'r creadur bach nes ti ladd!
MAIR:	Sai'n siŵr, Elwyn. Y cywilydd! Ti'n meddwl neith hynny weithio?
ELWYN:	Oes gen ti syniad gwell?

Mae MAIR yn tynnu ei ffôn o'i phoced ac yn chwilio am rif MARED GREFI.

MAIR:	Beth yw enw siop Mared?
ELWYN:	*Pet Palace*, Aberaeron...

MAIR: (Saib) Dyma hi.
ELWYN: Ocê, pob lwc.
MAIR: Streit i *answerphone*!
ELWYN: Wel, ie, mae e siŵr o fod ar gau...
MAIR: Ond... Wyt ti'n siŵr bod y siop ar agor 24 awr y dydd?
ELWYN: Sori. Fi sy' wedi cymysgu. Ro'n i'n meddwl am y siop arall 'na... *Tesco Extra*!
MAIR: Wel, beth nawr?!
ELWYN: Fe wna i decsto hi. Mae gen i rif ei mobeil hi...
MAIR: (Gan anadlu'n ddwfn) Iawn. Wel, dere â'r corff 'ma er mwyn i ni gael gwared ag e.
ELWYN: Shhh! Cadwa dy lais lawr! Gwranda. Dyw e ddim gen i. Nawr, fi'n gwybod bod hyn ychydig yn slei, ond tra oedd pawb yn cyrraedd, nes i lwyddo i roi'r corff yn dy handbag.
MAIR: Ond Elwyn...
ELWYN: Sori nes i ddim gofyn i ti, ond do'n i ddim yn mynd i allu cario'r bochdew yn fy mhoced trwy'r nos a'r peth yn byljo mas o 'nhrywsus i!
MAIR: Elwyn...
ELWYN: Mae e lot saffach yn y bag. Hapus?
MAIR: Ydw.
ELWYN: Da iawn.
MAIR: Nawr, gwranda...
ELWYN: Beth?
MAIR: Nes i ddim dod â handbag heno!
ELWYN: Beth?! Wel... handbag pwy sy'...?
MAIR: 'Sdim ots bag pwy yw e! Mae'n rhaid i ni ddod o hyd iddo fe!
ELWYN: Na! Y fi nath roi e mewn 'na, felly fi sy' angen ei dynnu fe mas!
MAIR: Iawn.

Mae ELWYN yn agor drws yr ystafell ymolchi yn ofalus ac yn sleifio allan.

Mae'r golau bellach yn codi ar weddill y llwyfan.

SARA: Elwyn – gwin coch? Gwin gwyn?
ELWYN: Www, hyfryd! Ga i ddŵr pefriog, plîs, Sara. Diolch i chi.
SARA: Chi'n siŵr?

ELWYN: Ie, gwell i fi fod yn ofalus. Mae gen i'r optegydd ddydd Mercher a dw i ishe neud yn golew.
SARA: Mair yn iawn?
ELWYN: O, ydy diolch.
PÎT: (Mae PÎT ar ganol dweud stori) Elwyn! Fe wnei di fwynhau hon nawr... dw i jyst yn sôn am rywun oedd yn arfer gweithio yn y Senedd 'da fi. 'Stedda, Elwyn.

Mae ELWYN yn eistedd (ac wedi colli ei gyfle i chwilio am y bag). Drwy gydol y darn nesaf, mae RICHARD yn gorfodi ei hun i chwerthin, er nad yw e'n deall beth sy'n cael ei drafod.

PÎT: Fe ddwedodd e, reit, ei fod e wedi cael gradd dosbarth cynta' yn y Gymraeg. Wel, o weld yr e-bost cynta' ges i wrtho, roedd e'n amlwg bod 'na gelwydd yn rhywle! Ond dechreuon ni drafod mwy, ac fe nes i ddweud "O, angen treiglad meddal fyna, gan ei fod yn dilyn sangiad." Wel, y boi 'ma, edrychodd e'n syn arna' i! Dim syniad! "Gradd yn y Gymraeg, ife?" ddwedes i. A doedd dim syniad ganddo beth oedd sangiad!

Mae pawb yn chwerthin yn ysgafn, ar wahân i RICHARD sy'n morio chwerthin. Mae yna saib lletchwith wrth i PÎT droi at RICHARD a syllu arno. Mae RICHARD yn tawelu yn raddol wrth sylwi ar y lletchwithdod.

RICHARD: Ti moyn sosej rôl?
PÎT: Richard, nes ti ddeall y stori 'na, do fe?
SARA: Na, Pît. Anwybydda fe...
PÎT: Ti'n gyfarwydd â chymeriade fel 'na, wyt ti?
RICHARD: Stori dda! Sangiad – *zing*!
PÎT: Beth yw sangiad de, Richard?
SARA: Wel! Gwell i ni ddechre, ife? Rich, cariad, cer i nôl y bocs.
RICHARD: Iawn, twts.
SARA: Paid â galw fi'n twts! Nawr, ym... pwy sy' heb chware un o'r rhein o'r blaen? Llaw lan!

Mae ELWYN yn codi ei law. Mae DORIAN yn hanner codi ei law.

Daw Mair o'r ystafell ymolchi. Mae golau'r ystafell ymolchi yn pylu.

MAIR: Hei! Da iawn, Sara! Mae e fel cerdded mewn i un o dy ddosbarthiade di!

SARA: Wel, nes i ddysgu o'r gore, yndife? Dewch i eistedd, Mair.
MAIR: (Mae'n sylwi ar y sosej rôls) Www, lyfli – ti sydd wedi neud y rhein?
DORIAN: Na, *Marks and Sparks*! Dim ond y gore fan hyn!
MAIR: Stwff da fyna!
DORIAN: Oes wir! Wel... fi erioed wedi bod, ond wedi clywed pethe da.
SARA: Ym, sori, Dorian... shwd oeddet ti'n gwbod bod y rhein o *Marks and Sparks*? Ti'n arbenigwr ar sosej rôls?
DORIAN: Na, nes i jyst gweld y bocs mas yn y bins 'da chi neithiwr...
SARA: Reit.
RICHARD: Dyma ni! (Gan ddarllen y bocs) "Gwaed, Gwin a Gwisg Ffansi... y gêm 'Pwy wnaeth?' yn Gymraeg."
GWENLLIAN: O, ma 'da chi un yn Gymraeg! Gwych!
SARA: Ie, ges i hwn wrth Gethin. Roedd e ar y cwrs dysgu yn y coleg yr un pryd â fi. Chi'n cofio fe, Mair?
MAIR: Gethin? Y fe nath ddod i'r ysgol am brofiad gwaith gyda ti, ife?
SARA: Dyna fe. Roedd e'n ffrindie gyda Richard yn y coleg 'fyd.
RICHARD: Oedd. Geth yn gwd boi. Joio Geth.
MAIR: Beth mae e'n neud y dyddie 'ma?
RICHARD: O, wel, *your* Geth *is as good as mine*!

Mae RICHARD yn chwerthin ar ben ei jôc ei hun. Mae'n amlwg nad yw SARA yn gweld yr ochr ddoniol.

SARA: Beth am i ni roi'r cymeriade mas, ie?
RICHARD: Ie. Reit...

Mae RICHARD yn agor y bocs ac yn tynnu cardiau a phropiau allan fesul un.

RICHARD: Ocê, fe wna i'r bois yn gynta'. Dorian? Dyma ti... 'Steff O'Scôp' – y doctor lleol sydd â nifer o elynion yn yr ardal.

Mae RICHARD yn rhoi stethosgop iddo a charden sy'n cynnwys gwybodaeth am ei gymeriad.

DORIAN: Gwych!
RICHARD: Darllena'r garden 'na nawr i ffeindio mas mwy am dy gymeriad. Pît?
PÎT: Cyfaill.
RICHARD: Ti'n chware rhan 'Dan y Dderwen' – hipi sydd o hyd yn ffraeo 'da ffermwyr yr ardal.

Mae RICHARD yn pasio'r garden a phrop hipïaidd i PÎT.

PÎT: Www, diddorol.com!

RICHARD: Fi sy' â'r un nesa'... (Mae'n tynnu carden o'r bocs) 'Gilbert Finn' – y pysgotwr sy'n tueddu i feddwi'n aml a dweud gormod. Www, mae hwn yn un da! O! Sara, mae 'da fi'r prop perffaith ar gyfer hwn!

SARA: Na.

RICHARD: O, plîs?

SARA: Na! Mae Billy yn aros yn y garej!

MAIR: Billy?

DORIAN: Do'n i ddim yn gwbod bod 'da chi blentyn?

SARA: Na! Does dim plentyn 'da ni! (Mae'n tawelu ei llais) Ahem. Na, Dorian, dim person go iawn yw Billy, ond tegan sili a phlentynnaidd. A dyna ddiwedd ar y peth. Richard, pwy sy' nesa'?

RICHARD: Doctor Elwyn Jones – *come on down*!

ELWYN: Plîs, Richard – galwa fi'n Elwyn.

MAIR: O! Gwnewch yn siŵr bod Doctor Elwyn Jones yn cael rhywbeth parchus nawr.

RICHARD: Wel, dim ond un bachgen sy' ar ôl. 'Glan y Glanhäwr', sydd yr un mor frwnt â'r plas mae e'n ei lanhau. Mae Glan wastad yn godinebu ac yn nabod menywod y plas i gyd yn dda iawn.

MAIR: O na! Dewch 'mlaen! Mae Doctor Elwyn Jones angen newid! Ddylse fe ddim gorfod chware rhan mor... mor ffiaidd!

ELWYN: Na... Paid poeni, Mair. Efalle fydd e'n sbort nawr!

RICHARD: Reit – y merched. Twts?

SARA: (Gan ochneidio) Ie? (O dan ei hanadl wrth Richard) Paid â galw fi'n twts!

RICHARD: Mrs Snobson, prifathrawes snobyddlyd yr ysgol...

DORIAN: Www, tybed pwy allet ti selio'r cymeriad 'na arno?

SARA: Iawn. Dere â'r garden 'ma.

RICHARD: Ac mae Mrs Snobson hefyd yn briod â'r doctor.

Mae RICHARD yn rhoi'r garden a het raddio i SARA.

DORIAN: (Gan gyffroi) Gwell i ti a fi eistedd ar bwys ein gilydd de, Sara...

SARA: Na! Arhosa di fyna am nawr, Dorian.

DORIAN: Ocê... Hei, mae 'da fi wisg nyrs yn y tŷ 'co y gallet ti fenthyg!

SARA: Sai'n nyrs, Dorian...

DORIAN: Ond ti'n briod â'r doctor!

SARA: Na!

DORIAN: Ond mae ishe gwd socad 'da *zoflora* ar y wisg, achos sai'n gwbod pryd gath hi ei golchi diwetha'...

SARA: Mae'n iawn, Dorian. Fi'n hapus 'da hwn (Gan gyfeirio at yr het raddio). Pwy sy' ishe *top up*?

GWENLLIAN: Pam lai!

MAIR: Ie, gwell neud.

RICHARD: Gwenllian?

GWENLLIAN: Helô!

RICHARD: 'Neli Newydd y Newyddiadurwraig'.

GWENLLIAN: Www! Cŵl!

RICHARD: Mae Neli wedi ypsetio bron pawb yn y pentre' dros y blynyddoedd gyda'i herthyglau camarweiniol.

GWENLLIAN: O, hei! Mae gen i feiro a phad papur yn fy handbag. Fe wna i nôl nhw nawr!

RICHARD: Ie! *Spot on*!

ELWYN: Na!

GWENLLIAN: O, sori?

ELWYN: Ym, bydd prop yn y bocs i chi...

RICHARD: Jyst yr het wirion 'ma!

Mae RICHARD yn rhoi'r het i GWENLLIAN.

RICHARD: *Go on*, cer i'w nôl nhw – rili mynd mewn i gymeriad!

Mae ELWYN a MAIR yn nerfus wrth i GWENLLIAN fynd i'r cefn a thwrio trwy ei bag.

RICHARD: Un bach ar ôl... Mair?

ELWYN: Dim ond y gore i Mair, gobeithio! Brenhines... Maer y Dref... Pennaeth cwmni mawr...

RICHARD: 'Vera'r Forwyn'.

ELWYN: O. Paid â becso, bach.

RICHARD: Reit, y rheole – mae'n ddigon syml. Mae 'na dair rownd, ac yn y tair rownd mae 'na gyfleoedd i ofyn cwestiyne i bob cymeriad. Cyn ac ar ôl pob rownd, bydda i'n chware rhan

	o'r CD 'ma. Ac ar ddiwedd y rownd ddiwetha', byddwn ni i gyd yn dyfalu pwy yw'r llofrudd. Felly, yn y rownd gynta'... ymm... Pawb 'ma?
PÎT:	O, Gwen?

Mae GWENLLIAN yn y cefn yn syllu i mewn i'w bag. Mae golwg syn ar ei hwyneb.

PÎT: Gwenllian? Ti'n ymuno â ni?

Mae GWENLLIAN yn troi, ond yn rhoi'r bag y tu ôl iddi.

GWENLLIAN: Ym, Pît... ga i air sydyn 'da ti?
PÎT: Nawr?
GWENLLIAN: Sori bawb. Byddwn ni'n ôl nawr. Fi jyst angen y tŷ bach... Dere, Pît!
PÎT: Gwen? Be' sy'?

Mae PÎT yn codi ac yn dilyn GWENLLIAN i'r ystafell ymolchi.

GWENLLIAN: Cariwch chi 'mlaen i esbonio'r rheole. Fi a Pît wedi chware un o'r rhein o'r blaen.
RICHARD: Ocê.
DORIAN: Wel, mae pawb yn rhannu'r tŷ bach heno! Hei, Sara? Efalle fydd rhaid i ti a fi...
SARA: Anghofia hi, Dorian!

Mae'r golau yn canolbwyntio ar yr ystafell ymolchi eto, ac mae golau gweddill y llwyfan yn pylu. Mae RICHARD yn parhau i esbonio'r rheolau yn y golau gwan.

PÎT: Beth yn y byd sy'? Roedd hwnna'n rhyfedd iawn, Gwenllian. Rhyfedd.com!
GWENLLIAN: Edrych be' sy' mewn fyna...
PÎT: Beth?

Mae GWENLLIAN yn rhoi ei bag i PÎT, ac mae'n sylwi ar y bochdew.

PÎT: Beth yw hwnna? Pwrs?
GWENLLIAN: Pwrs wir! Pwrs gyda choese ife?!
PÎT: Wel... bydde hynny'n esbonio pam dy fod di'n colli hi drwy'r amser.
GWENLLIAN: Pît!

Mae GWENLLIAN yn rhoi ei llaw yn y bag ac yn tynnu'r bochdew allan.

PÎT: Beth yn y byd?!
GWENLLIAN: Oli! Bochdew Sara a Richard!
PÎT: Pam mae e gen ti?!
GWENLLIAN: Sai'n gwbod!
PÎT: Yw e'n fyw?
GWENLLIAN: Na, Pît! Mae e'n stiff! Stiff! Stiffach na...
PÎT: Ocê, ocê – dw i'n deall. Mae e'n stiff.
GWENLLIAN: Mae Sara'n caru'r creadur bach 'ma! Gath hi hwn ar ôl graddio o'r cwrs dysgu!
PÎT: Paid panico! Ti heb neud dim, nagwyt ti?
GWENLLIAN: Wel, nadw wrth gwrs!
PÎT: Felly, jyst dwed y gwir wrthyn nhw! 'Sdim syniad 'da ti shwd mae e wedi cyrraedd fyna, a shwd mae e wedi marw. Dim bai ni yw e. Dyna ni. *Full stop. We're-Not-The-Llofrudd.com!*
GWENLLIAN: Stopa dweud dot com ar ôl popeth! Dyw e ddim yn *thing*!
PÎT: Gwen, plîs. Paid panico! Gad i fi feddwl...
GWENLLIAN: Mae'n rhaid bod y creadur bach wedi smelo'r bwyd yn y bag 'ma, wedi neidio mas o'r caets a thagu ar rywbeth!
PÎT: Pa fwyd?
GWENLLIAN: Fi 'di dod â brechdane 'da fi.
PÎT: Wyt ti?
GWENLLIAN: Ro'n i'n dechre poeni efalle mai Richard fydde'n paratoi swper i ni i gyd. Des i 'ma o'r blaen a nath e gwcan pasta a bîns i fi. Pasta a bîns!
PÎT: Digon teg.
GWENLLIAN: Ti moyn brechdan fach nawr?
PÎT: Ie, pam lai.

Mae GWENLLIAN yn tynnu brechdan o'i bag.

GWENLLIAN: *Chicken Tikka?*
PÎT: Lyfli... (Mae'n cofio am y bochdew) O! Na! Mae blincin *hamster* wedi bod mewn fyna!

Mae'r brechdan yn cwympo i'r llawr.

GWENLLIAN: O, ie...
PÎT: Reit, mae ishe i ni drial rhoi hwn 'nôl yn y caets.
GWENLLIAN: Beth?!
PÎT: Os bydd y *rodent* bach 'ma'n ôl yn y caets, bydd neb yn credu taw ni nath e!
GWENLLIAN: Ond druan â Sara!
PÎT: Paid poeni am Sara! Os maen nhw'n dod o hyd i'r corff yn y caets, dim problem ni fydd e. Bydd neb yn gwybod bod e wedi bod mewn yn dy fag yn sgwlcan brechdane.
GWENLLIAN: Ocê, ie... da!
PÎT: Reit, golcha hwnna o'r llawr glou. Mae'n drewi o *Chicken Tikka* mewn 'ma nawr!
GWENLLIAN: Pwynt da!
PÎT: Dere, neu bydden nhw'n dechre meddwl beth sy'n mynd 'mlaen!

Mae GWENLLIAN yn glanhau'r llawr gyda phapur tŷ bach ac yna'n ei daflu i'r toiled. Mae Pît yn agor y drws ac mae'r ddau yn dod o'r ystafell ymolchi.

Mae'r golau bellach yn codi ar weddill y llwyfan, ac yn pylu rywfaint ar yr ystafell ymolchi.

RICHARD: 'Co nhw!
SARA: Popeth yn iawn? Ni'n barod i ddechre rownd un!
ELWYN: Esgusodwch fi, ga i fynd i'r tŷ bach yn sydyn?

Mae ELWYN yn codi o'i sedd.

GWENLLIAN: Na!
ELWYN: Na?
GWENLLIAN: Ym... dim 'to!
SARA: Pam?
GWENLLIAN: Ym... wel, mae e jyst... ymm...
PÎT: Gath Gwenllian dymp mewn 'na!
ELWYN: Dymp?
PÎT: Ie.
ELWYN: Reit... (Saib) Digon teg!

Mae ELWYN yn eistedd eto, ac mae PÎT a GWENLLIAN yn ymuno â phawb arall.

RICHARD: (Gan godi ei lais yn ddramatig) Mae rhywun yn yr ystafell yma wedi lladd ffrind annwyl i mi!

Mae GWENLLIAN, PÎT, MAIR, ELWYN a DORIAN yn teimlo'n anghyfforddus...

GWENLLIAN: O! Richard bach, fi mor sori! Sai'n gwbod shwd aeth e mewn 'na!
PÎT: Gwen, 'stedda lawr! Mae'n rhan o'r gêm!
GWENLLIAN: O... ie... sori Richard. Caria 'mlaen.
RICHARD: (Mewn cymeriad) Richard! Pwy yw Richard? Fi yw Gilbert! Y Pysgotwr!
GWENLLIAN: Neli Newydd fan hyn! Efallai fod rhai ohonoch chi wedi darllen fy erthyglau yn y papur.
DORIAN: Neli Newydd! Fe wnes ti ysgrifennu erthygl gamarweiniol am y dioddefwr wythnos cyn iddo gael ei ladd! Fe wnes i, Doctor Steff O'Scôp, drin y dioddefwr druan am *stress* ar ôl i'r erthygl gael ei rhyddhau!
ELWYN: (Mae'n codi ac yn mwytho llaw GWENLLIAN) Gad di lonydd i Neli, Steff! Mae Neli'n ferch neis ac mae ei dwylo esmwyth, bregus yn ysgrifennu erthyglau diddorol tu hwnt.
MAIR: Doctor Elwyn Jones!
ELWYN: Mae'n rhan o'r cymeriad, Mair.
MAIR: O, ie, wel... Helô bawb. Vera sy' 'ma. Ro'n i'n forwyn yn y plas...
ELWYN: O! Vera! Mae gen i 'ohebiaeth' i chi...
MAIR: Beth?
ELWYN: Ynglŷn â'r person sydd angen galw heibio gyda'r... peth.
MAIR: Mared?
ELWYN: Ie... mae hi wedi ateb...

Mae ELWYN yn dangos y neges destun ar ei ffôn i MAIR.

MAIR: O! Arbennig!
ELWYN: Bydd hi 'ma mewn deng munud...
SARA: Beth? Sori, yw hyn i gyd yn rhan o'ch cymeriade chi?
GWENLLIAN: Pwy yw Mared?
ELWYN: Dim! Mae e... mae e'n rhan o'n cymeriade ni, ie.
RICHARD: Be' am i ni weld be' sy' gan y CD i'w ddweud...

Mae RICHARD yn chwarae'r CD.

LLAIS AR Y CD: Helô bobol! Wel, wel, wel... mae rhywun wedi bod yn ddrwg iawn ym mhentref Llanlladdfa. Ar y deuddegfed o Ragfyr, cafodd Mr Deio Ddefwr ei lofruddio. Cafodd ei gorff ei ddarganfod gyda chyllell yn ei gefn yng nghegin ei blas. Ond pwy wnaeth hyn? Rownd un. Ar eich cardiau, mae rhestr o gwestiynau i ofyn i'ch cyd-chwaraewyr. Ceisiwch ofyn pob cwestiwn er mwyn darganfod mwy amdanynt. Pob lwc!

PÎT: Ocê, gan 'mod i 'di chware un o'r rhein o'r blaen, fe wna i ddechre. (Mae PÎT yn siarad fel ei gymeriad) Mrs Snobson – shwmae? 'Dan y Dderwen' fan hyn, *maaan*. Digwyddodd y trosedd ar nos Wener, a phob nos Wener rwy'n dy weld di yn y clwb chwist, *maaan*. Ond doeddet ti ddim yno ar noson y llofruddiaeth. Felly, ble oeddet ti, *maaan*?

SARA: Wel, Mr Derwen. Diolch am y cwestiwn. Ond mae'r ateb yn syml. Roeddwn i... (Mae'n darllen y garden ac yn cael siom) O na... plîs na...

PÎT: Ateb y cwestiwn plîs... *maaan*.

SARA: Ro'n i gartre gyda fy ngŵr hyfryd... yn y gwely.

DORIAN: Naaaww! *Lush*!

SARA: Plîs cariwch 'mlaen.

PÎT: Wel, mae gen i reswm i gredu dy fod di allan y noson yna yn cerdded o gwmpas gerddi'r plas! Amheus. Amheus iawn. Amheus-iawn.com, *maaan*.

DORIAN: Galla i gadarnhau... roedd Mrs Snobson 'da fi...

SARA: O na!

DORIAN: Yn y gwely...

SARA: Plîs stopa siarad!

DORIAN: Ac fe ddweda i hyn... fi'n gallu deall yn iawn nawr sut gafodd Mrs Snobson y wobr gyntaf yn y gystadleuaeth *Twister* dros Geredigion.

SARA: Dorian, stica i'r ffeithie ar y cardie, plîs!

GWENLLIAN: Ahem. Wel, Mr Gilbert, ar noson y trosedd fe wnes i dy weld di yn...

RICHARD: Helô.

GWENLLIAN: Helô. Ar noson y trosedd fe wnes i dy weld di yn cerdded heibio'r plas gyda sach enfawr dros dy ysgwydd a gwaed yn dripian ohoni. Beth oedd ynddi?

RICHARD: Hmmm... (Mae RICHARD wedi ei feddiannu gan y cymeriad) Cwestiwn da. Diolch, Neli. Cwestiwn da.

Mae RICHARD yn mynd at y lle tân ac yn rhedeg ei fys ar hyd y mantlpîs.

> Ond... rwy'n credu dy fod di yn colli rhywbeth fan hyn.

Mae RICHARD yn troi at GWENLLIAN ac yn nesáu ati, gan godi ei lais yn raddol trwy gydol y darn a cholli ei dymer (mewn cymeriad).

> Pam oeddet ti yn y plas? Ei?! Ble oeddet ti? Pam yn y byd oeddet ti ar y tir yma ar nos Wener? Doedd dim stori fyna i reportio!

GWENLLIAN: (Mae'n dechrau teimlo'n nerfus) Ym, sori, Richard... sai'n gweld ateb i hwnna ar y garden 'ma... rho funud i fi...
SARA: Ocê, cwla lawr, Richard...
RICHARD: Ble oeddet ti?! Tu ôl i goeden? Yn dy gar esmwyth gyda'r gwres arno? Neu yn y cloddie? Ie, dyna'r ateb tebygol, yndife? Roeddet ti yn y cloddie! A garantîd nad oeddet ti ar ben dy hun... y mochyn!
MAIR: Richard!
RICHARD: Pwy yw Richard?! Ife fe oedd y lwmp o gig oedd gen ti'r tro 'ma? Neu ife hwnna oedd yr enw nes ti roi i'r gyllell? Y gyllell nes ti roi yn syth mewn i gefn Mr Deio Ddefwr! Ateba fi!
SARA: Richard!
PÎT: Cwla lawr nawr!
RICHARD: Be'?

Mae GWENLLIAN yn amlwg wedi ypsetio.

GWENLLIAN: Sori... sai'n... ydw i fod i ateb?

Mae SARA yn mynd i gysuro GWENLLIAN.

RICHARD: Sori, ro'n i jyst yn mynd mewn i gymeriad!
PÎT: Ie, wel, efalle fod e'n werth i ti jyst ateb y cwestiwn nath Gwen ofyn!
RICHARD: O. Ym... pysgod. Roedd 'na bysgod yn y bag.
GWENLLIAN: (Gan sychu'r dagrau) Diolch.

SARA: Richard, pam wyt ti o hyd yn neud hyn?
RICHARD: Be'? Jyst gêm yw e!
SARA: Ie, jyst gêm yw e! Yn union!
RICHARD: Fi'n creu cymeriad tri dimensiwn fan hyn!
SARA: Ma 'da ti ateb i bopeth, yndoes?
RICHARD: Hei! Moto fi yw "Os wyt ti am wneud rhywbeth, gwna fe'n iawn", oreit? 'Na pam ges i hwnna fel tatŵ ar fy nhroed i.
SARA: O, ie, mae hwnna'n neud synnwyr, nagyw e? O ystyried dy fod di wedi cwito tair swydd wahanol 'leni!
RICHARD: Nes i ddim cwito tair swydd 'leni... ges i'r sac.
ELWYN: Ym, ocê... Efalle fod e'n werth i fi ofyn y cwestiwn nesa'... *(Mae'n codi ac yn newid i'w gymeriad)* Helô, *ladies*!
MAIR: O'r mowredd!
ELWYN: Mrs Snobson. Wel! Dw i ar ddeall eich bod chi'n bencampwraig *Twister* dros Geredigion...

Mae MAIR yn estyn am y botel win, ond mae'n wag.

MAIR: O, Duw a'n helpo! Sara, oes gen ti botel arall? Neu ddwy?
SARA: Oes, dewch 'da fi, fe wna i ddangos y casgliad i chi.
MAIR: Ie. Oes rhywbeth cryfach gen ti, efalle?
SARA: Ti'n gwbod beth? Gwen, dere 'da ni. Ewn ni am wac fach i'r gegin. Dewch! Fe ddewn ni'n ôl at hwn.
RICHARD: Ti moyn i ni gario 'mlaen de?
SARA: Gwna beth bynnag ti ishe... ti fel arfer yn!
RICHARD: Ocê. Diolch, twts!

Mae SARA, GWENLLIAN a MAIR yn gadael y llwyfan. Mae GWENLLIAN yn rhoi ei bag i PÎT ar y ffordd allan.

RICHARD: Fi'n credu ei bod hi'n werth cael brêc bach. Mae'n gêm dda, yndyw hi?

Mae pawb yn cytuno.

ELWYN: Wel, Richard... mae'r lle'n edrych yn hyfryd 'da chi.
RICHARD: O, wel... *Merci, mon ami*!
PÎT: A ti a Sara yn setlo mewn yn iawn?
RICHARD: Ydyn – ie. Mae pethe'n mynd yn grêt.
ELWYN: Mae symud mewn gyda rhywun yn gallu taflu gole ar rai... rhwystredigaethe...

RICHARD: Ie, ond dim 'da fi a Sara. Wel, a dweud y gwir, Elz... Sori, ga i alw ti'n Elz? Ti'n hapus 'dag Elz?
ELWYN: Ie, Elz yn iawn.
RICHARD: Diolch. So... Dr Elwyn Jones... mae 'da fi a Sara dast gwahanol am rai pethe, ond...
ELWYN: Wel, mae pob perthynas fel 'na, Richard bach.
DORIAN: Hm! Ydyn wir.

Mae pawb yn troi i edrych ar DORIAN.

PÎT: Siarad o brofiad, Dorian?
DORIAN: Ydw. Wel, nadw. Wel... bues i'n *marriage counsellor* am bymtheg mlynedd.
RICHARD: Ond, Dorian, 30 wyt ti?
DORIAN: Ie, wel... nes i ddechre'n gynnar!
RICHARD: Fel... Ocê, un peth bach... nath e ddigwydd pnawn 'ma, a dweud y gwir. Y'ch chi'n gyfarwydd â'r gân *Only You* gan Yazoo?
PÎT: Ydw!
DORIAN: Ie!
ELWYN: Ie – *real banger*!
RICHARD: Wel, mae Sara'n casáu'r gân. Mae'n dweud bod y gân yn dod ag atgofion cas yn ôl...
ELWYN: Pawb â'i farn, Richard.
RICHARD: Dyna'r gân a chwaraewyd ar gyfer ein dawns gynta ni, felly... Ta beth. Heno nawr, mae hi wedi pinsio'r CD a dweud 'sdim hawl 'da fi ei chware.
ELWYN: Peth bach yw hynny, Richard. Peth bach.
PÎT: Ie, mae gan bawb dast gwahanol, Richard.
DORIAN: Ro'n i'n arfer bod mewn grŵp *acapella*, ac roedd honna'n un o'n caneuon ni.
RICHARD: Ie? A fi! Enw ni oedd *The B Flats*!
DORIAN: Ni oedd *The Tone Deafs*!
RICHARD: Mae e'n yffach o diwn!

Mae DORIAN yn dechrau canu llinell gyntaf y gân.

RICHARD: Ie... dyna fe! Pwy sy' angen CD, ei?

Gyda hynny, mae RICHARD yn ymuno â'r canu. Tra bod gweddill y bois yn canu, mae PÎT yn cael amser i roi'r bochdew yn ôl yn ei gaets. Yn y gytgan, mae ELWYN yn ymuno â'r canu ac yn swnio'n angylaidd. Ar ôl y gytgan, mae RICHARD yn chwilio am gymorth cerddorol gan PÎT.

RICHARD: Ie! A nawr ma Pît angen neud y darn bas! Pît? Pît?!

Mae PÎT yn sleifio'n ôl at y grŵp.

PÎT: Sori?
RICHARD: Be' oeddet ti'n neud draw fyna?
PÎT: O... dim!

Mae SARA, GWENLLIAN a MAIR yn dychwelyd.

SARA: Richard! Beth yw'r sŵn 'ma?
MAIR: Dr Elwyn Jones! Beth wyt ti'n neud ar y soffa?!

Mae ELWYN yn neidio oddi ar y soffa.

ELWYN: O! Ym... dim ond gwirio bod y bylb yn weithiadwy. Mae'n edrych yn iawn, Richard.
RICHARD: Gwd. Diolch.

Mae PÎT a GWENLLIAN yn llwyddo i gael ychydig eiliadau i ffwrdd o'r gweddill, yng nghornel yr ystafell.

GWENLLIAN: Wel?
PÎT: Mae e'n ôl yn y caets.
GWENLLIAN: Diolch byth!
PÎT: Shwsh nawr, paid dweud dim!

Maen nhw'n dychwelyd at y grŵp.

SARA: Reit. Barod i gario 'mlaen 'da'r gêm?
MAIR: Ie! 'Mlaen â ni!
RICHARD: Ocê. Symudwn ni 'mlaen i'r ail rownd, ife?
SARA: Ie, beth bynnag!
RICHARD: Reit, pasiwch y bocs o gwmpas achos mae 'na bropie ynddo – fel tystiolaeth a phethe.

Mae RICHARD yn chwarae'r CD.

LLAIS AR Y CD: Rownd 2 – eitemau. Dosbarthwch y... Dosbarthwch y... Dosbarthwch y... Dosbarthwch y... Dosbarthwch y... Dosbarthwch y... Dosbarthwch y... Dosbarthwch y...

DORIAN: Pam wyt ti'n pryfoco ni?!
SARA: O, y blincin *CD player* 'na!
DORIAN: Efalle taw'r llais yw'r llofrudd?!
RICHARD: Na, Dorian... mae e wedi jamo!
SARA: Tynna'r disg mas, Rich!

Mae RICHARD yn tynnu'r CD allan ac mae'r LLAIS AR Y CD yn stopio.

RICHARD: Wel, handi yndife?
MAIR: O, am siom! Ro'n i'n dechre mwynhau'r gêm!
SARA: Peidiwch poeni, mae 'na chwaraewr CD arall yn y garej. Richard?
RICHARD: Twts?
SARA: Paid â galw fi'n twts! Cer i nôl y *CD player* arall, wnei di?
RICHARD: Ie, dim probs!

Mae RICHARD ar fin gadael, cyn troi.

RICHARD: Ble mae e?
SARA: Ar bwys y beics. Mae... mae *Big Mouth Billy Bass* arno fe...
RICHARD: O! Man a man i fi ddod â...
SARA: Na!
RICHARD: O plîs?
SARA: Na!
RICHARD: Ond fi'n chware rhan y pysgotwr – be' yw'r siawns? C'mon!
SARA: No wê! Ti'n gwbod beth? Fe wna i fynd i nôl e!
RICHARD: Na, mae'n iawn, twts!
SARA: Na, fe wna i fynd. Sai'n trysto ti, twts... Yhh... Richard!
DORIAN: (Gan fwynhau'r ffrae sy'n digwydd rhwng RICHARD a SARA) We-hei!

Mae SARA yn gadael y llwyfan.

RICHARD: Ocê... gan fod y merched i gyd wedi cael eu *refills* nhw, be' i chi moyn i yfed, bois? Elz?
MAIR: Elz?!
ELWYN: Ga i wydred arall o ddŵr pefriog, plîs... ym, na – ga i hanner shandi!
MAIR: Hanner shandi?!
RICHARD: Ocê. Pît?
PÎT: Lager i fi, plîs, Richard.

RICHARD: Cŵl-cŵl-cŵl. Dorian? Lager?
DORIAN: Sori, sai'n cîn ar ddiodydd plentynnaidd fel 'na. Oes 'na rywbeth cryfach? *Absynth*, efalle?
RICHARD: Nagoes, sori...
DORIAN: *Sambuca* de?
RICHARD: Na, dim *Sambuca*...
DORIAN: Fi 'mond yn yfed pethe cryf, sori! *Ouzo* efalle?
RICHARD: Nagoes, sori. Ond mae gen i... Strong... *Strongbow Dark Fruits*?
DORIAN: Ie... perffaith!
RICHARD: Iawn. (Saib) O, Sara?!
SARA: (O'r cefn) Ie?
RICHARD: Ble mae'r *Strongbow Dark Fruits*?
SARA: Yn y cwpwdd dan gaets Oli!
RICHARD: Ocê!

Mae RICHARD yn mynd draw at gaets Oli. Ond wrth edrych trwy'r cwpwrdd, mae'n stopio ac yn gweld y bochdew.

RICHARD: Oli?

Mae RICHARD yn agor y caets ac yn sylwi ar beth sydd wedi digwydd.

RICHARD: Waaa!
DORIAN: Popeth yn iawn 'da'r *Strongbow Dark Fruits*, Richard?
RICHARD: Ym... ie!

Mae RICHARD yn cuddio corff Oli y tu ôl iddo.

RICHARD: Ie, ym... sori... ond... fi'n meddwl efalle fod rhai mewn fan hyn...

Mae RICHARD yn rhuthro i'r ystafell ymolchi.

RICHARD: Bydda i'n ôl nawr!

Mae RICHARD yn cloi ei hun yn yr ystafell ymolchi.

ELWYN: Hmm... dyna od.
MAIR: Beth?
ELWYN: Pwy sy'n cadw *Strongbow Dark Fruits* yn y tŷ bach?

Mae'r golau ar yr ystafell ymolchi eto.

RICHARD: Oli?! Plîs, pam heno? O... y sosej rôl! Ddylswn i byth 'di rhoi hwnna i ti gyne! (Saib) Bydd rhaid i fi ddweud. Bydd rhaid i fi ddweud wrthi! Ond... dim heno... dim nawr gyda... gyda phawb 'ma! A Mair! Geith Sara byth *promotion* wedyn! Na, c'mon, Rich. Mae'n rhaid bod 'na reswm arall... (Mae'n chwarae gyda gwahanol syniadau) "Hei, Sara... ti'n edrych yn bert heddi. O, gyda llaw, sai'n credu bod Oli yn setlo mewn i'r tŷ newydd yn dda iawn, achos mae e wedi marw." Na, na! Mae hwnna'n sili... (Saib wrth feddwl eto) Nath Oli redeg i ffwrdd. Nath e redeg i ffwrdd! Os nad yw Sara yn gallu ffeindio'r corff... yna... nath e redeg i ffwrdd!

Mae RICHARD yn gafael mewn llwyth o bapur tŷ bach ac yn golchi'r bochdew i lawr y toiled.

RICHARD: Na! Fi geith y bai o hyd! Oli! Be' ydw i wedi'i neud?! Richard, ti mor dwp!

Gan deimlo'n euog iawn, mae RICHARD yn gadael yr ystafell ymolchi.

Mae'r golau bellach yn codi ar weddill y llwyfan.

DORIAN: Unrhyw sôn am y *Strongbow Dark Fruits*, Richard?
RICHARD: Na. Ydy Sara wedi dod 'nôl?
MAIR: Naddo, pam?
RICHARD: Gwd. Elz... Elwyn... ga i fenthyg bach o *hand sanitiser*, plîs?
ELWYN: Ie, iawn.

Mae ELWYN yn codi i'w draed ac yn gwasgu'r sebon i law RICHARD.

GWENLLIAN: Popeth yn iawn, Richard?
RICHARD: Oli... Oli'r bochdew! (Saib)
Plîs, mae'n rhaid i chi addo na fyddwch chi'n dweud dim wrth Sara, ond... mae Oli wedi marw... a... fi ffaelu credu faint mor dwp ydw i, ond fi wedi cael gwared ag e!
ELWYN: Cael gwared?
RICHARD: Ofn halodd fi i neud e! Do'n i jyst... ddim ishe i Sara weld Oli nawr! Bydde fe'n torri ei chalon hi! Neud e er mwyn ei diogelu hi nes i. Neud e achos cariad, yndife?

MAIR: (Mae'n codi i'w thraed) Na! Stopa fyna, Richard, stopa!
ELWYN: Mair?
MAIR: Galla i ddim gadael i ti ddiodde' hwn ar dy ben dy hun! Mae'n rhaid i fi ddweud hyn... fi mor sori, ond... fi oedd e!
RICHARD: Na, Mair – paid! Fi'n gwbod be' ti'n neud ond sai'n beio unrhyw un arall am hwn!
MAIR: Na, wir nawr! Reit ar ôl i ni gyrraedd... nes i jyst... ddim edrych lle ro'n i'n eistedd. Roedd Oli jyst yn joio fyna ar y soffa ac wedyn... eisteddes i arno fe!
ELWYN: Na, Mair! Ti'n mynd i ypsetio dy hunan! (Saib) Ond ie, nath hi eistedd ar y creadur bach, diniwed!
DORIAN: Na! Fi oedd e! Fi!
MAIR: Beth?!
DORIAN: Richard... Mair... Elz... Fi nath neud hwn! Y *spray* oedd e! Y *spray*! Fi ddim fel arfer yn prynu *aftershave*, ond roedd hwn *on offer*!
GWENLLIAN: O! *Georgio Papelle*! Ti sy'n gwisgo fe!
DORIAN: Ie! Ond roedd e *75% off*! Ond nawr mae'n amlwg pam oedd y stwff mor tsiêp... mae'n *toxic*! Fi mor sori!
RICHARD: Dorian, paid! Dim ti oedd e! Fi oedd e! Fi! Cyn i bawb gyrraedd, nes i roi sosej rôl iddo. Do'n i ddim yn gallu ffeindio'r bwyd iawn, ac mewn hast nes i jyst... ond galla i ddim dweud 'na wrth Sara!
PÎT: (Mae'n codi i'w draed) Stopiwch! Plîs, stopiwch... Galla i ddim eistedd fan hyn gyda'r teimlad erchyll 'ma rhagor! Mae'n rhaid i fi neud cyfaddefiad fy hun! Dw i mor sori... Gwenllian oedd e!
GWENLLIAN: Pît!
PÎT: *Go on*, Gwen! Dwed wrthyn nhw! Ti'n gwybod bod rhaid neud!
GWENLLIAN: (Mae'n codi) Ie, ti'n iawn. Sori, sori, sori, Richard! Fi oedd e! Nes i ddod â brechdane, a sai'n hollol siŵr shwd, ond mae'n rhaid bod Oli wedi gwynto'r bwyd, wedi neidio mewn i'r bag a... ti'n gwbod! Fi mor sori, Richard!

Mae pawb yn dechrau dadlau â'i gilydd, gan gredu mai nhw sy'n gyfrifol am ladd y bochdew.

Yna, mae ELWYN yn codi ei lais ac yn cael sylw pawb.

ELWYN: Stopiwch! Plîs! Stopiwch! Mae angen heddwch fan hyn! Heddwch!

Mae pawb yn tawelu a chlywn sŵn ffôn yn crynu. Mae ELWYN yn ateb y ffôn.

ELWYN: Mared? Lle wyt ti arni? Wyt ti? Arbennig. Rho funud i fi. Bydda i 'da ti nawr. *(Mae ELWYN yn rhoi'r ffôn gadw)* Reit. Dyw e ddim yn berffaith ond... mae gen i ddatrysiad. Mae e newydd gyrraedd, a dweud y gwir.
GWENLLIAN: Beth?
ELWYN: Ar ôl i Mair eistedd ar y... wel... ar ôl hwnna, nes i decsto'n ffrind i, Mared...
DORIAN: Mared... Mared Grefi?

(Mae DORIAN yn troi oddi wrth y grŵp gyda golwg syn ar ei wyneb. Mae ganddo fe a MARED GREFI 'hanes'...)

ELWYN: Ie. Ta beth. Nes i ofyn iddi alw heibio 'da bochdew newydd i chi. Mae'n slei – o mae'n slei tu hwnt – ond os wyt ti wir ishe cadw Sara yn y niwl, mae'n bosib y gallwn ni...
RICHARD: Rhoi bochdew newydd yn y caets yn lle Oli...
ELWYN: Yn union.
RICHARD: Oli newydd!
ELWYN: Ie.
RICHARD: Oli 2.0!
ELWYN: Hm. Lan i ti yn llwyr.
RICHARD: Ie... ie, c'mon! Cer i nôl e glou! Cyn i Sara ddod 'nôl!

Mae ELWYN yn mynd i ateb y drws.

RICHARD: Ond mae hyn yn aros rhyngddon ni, ocê? Does neb – neb – yn mynd i ddweud wrth Sara am hyn!
PÎT: Cytuno!
GWENLLIAN: Ein cyfrinach ni!

Mae ELWYN wedi agor y drws a derbyn y bocs (sy'n cynnwys y bochdew newydd) oddi wrth MARED GREFI.

ELWYN: Richard?

Daw MARED i mewn yn ddiwahoddiad.

ELWYN: Mared! Beth y'ch chi'n neud? Chi ffili dod mewn!
MARED: Neith hwn y tro? Chi'n lwcus, ro'n i newydd adael y siop pan nath Elwyn decsto!

Mae RICHARD yn edrych ar y bochdew.

RICHARD: Mae'n debyg! Mae'n debyg! Rili tebyg a dweud y gwir! Ond chi ffaelu aros fan hyn, bydd Sara'n ôl unrhyw eiliad...

Mae RICHARD yn tynnu'r bochdew o'r bocs ac yn ei roi yn y caets. Mae MARED yn gwneud ei ffordd ymhellach i mewn i'r tŷ ac i gyfeiriad y soffa.

MARED: A, bach o *Murder Mystery* yn mynd 'mlaen 'ma ife?

Mae MARED yn gweld DORIAN.

MARED: Dorian?
DORIAN: Mared.
MARED: Shwd wyt ti?
DORIAN: Ddim yn ffôl. A thithe?
MARED: Eitha' da, diolch. Mae Keith yn dechre'r ysgol ym mis Medi...
DORIAN: Ro'n i'n meddwl ein bod ni 'di cytuno y byddwn i'n hômsgŵlo fe...
MARED: A be' wyt ti'n ei ddeall am addysg, Dorian? Y cyfan ddysgith Keith yw shwd mae cerdded mas ar ei bartner, a'i gadael 'da phlentyn bach i'w fagu!
DORIAN: Doedd dim dewis 'da fi, Mared.
MARED: Wel, jyst i ti gael gwbod, mae 'na ddigon o ddewis 'da fi erbyn hyn!

Mae MARED yn martsio draw at Dorian gyda'r bwriad o ymosod arno, ond mae ELWYN a RICHARD yn ei hatal.

RICHARD: Ocê... *nice one*! Ond mae'n rhaid i ti fynd nawr!
ELWYN: Ie – diolch, Mared. Ond cer!
MARED: Mae'n iawn. Pob lwc i chi i gyd. (Saib) Hwyl Dorian.
DORIAN: Ie.

Mae MARED yn gadael.

RICHARD: Wel, dyma ni. Mae'n rhy hwyr newid ein meddylie ni nawr. 'Sneb yn mynd i ddweud gair wrth...

Mae'n stopio, wrth glywed sŵn SARA yn dychwelyd o'r garej.

RICHARD: Reit, glou! Peidiwch tynnu dim sylw o gwbwl! Ni'n aros 'da'n gilydd drwy hyn! Iawn?

Mae pawb yn cytuno ac yn dychwelyd i'r soffa.

SARA: Sori! Mae 'na gymaint o rwtsh mas 'na! Richard, ro'n i'n meddwl bo' fi wedi gofyn i ti glirio mas y garej y penwythnos diwetha'?
RICHARD: O... ie, soz.
SARA: (Saib) Ry'ch chi i gyd yn dawel! Pawb yn iawn?

Mae pawb yn ymateb trwy ddweud **"Www, lyfli!" "Ydyn, grêt!"** ac ati.

ELWYN: Dere i eistedd, Sara fach!
SARA: Iawn, wel, dylse'r *CD player* 'ma weithio. Ond dy'n ni ddim wedi'i ddefnyddio fe ers sbel.

Mae SARA yn rhoi'r chwaraewr CD ar y bwrdd.

SARA: Reit, oes rhywun ishe diod arall cyn i ni fynd 'nôl i'r gêm?

Mae PÎT yn codi o'i sedd.

PÎT: Ti'n gwybod beth, Sara? Mae'n wir ddrwg gennym, ond mae'n rhaid i fi a Gwen fynd nawr.
SARA: Mynd?
PÎT: Sori mawr! Mae hi wedi bod yn noson hyfryd!
GWENLLIAN: Hmm! Hyfryd iawn, Sara! Ond...
PÎT: Mae 'na raglen deledu ar *Netflix* heno, a fedrwn ni ddim mo'i cholli hi, sori!
SARA: Ond, os yw'r rhaglen ar *Netflix*, gallwch chi ei gwylio hi unrhyw bryd...
PÎT: (Saib) Ymm... na. Mae 'da ni wahanol fath o *Netflix*. Dere, Gwen!

Mae PÎT a GWEN yn dechrau gadael y tŷ ac yn casglu unrhyw gotiau a bagiau ar y ffordd.

SARA: O, wel, dyna drueni.

GWENLLIAN: Sori, Sara. Noson hyfryd dros ben!
PÎT: Ie wir. Noson-hyfryd-dros-ben.com!
GWENLLIAN: O, Pît!

Mae PÎT a GWENLLIAN yn gadael.

SARA: O, wel. Oes 'na ffordd allwn ni orffen y gêm gyda llai o chwaraewyr, Rich?
DORIAN: Ym, esgusodwch fi, ond bydd rhaid i fi fynd 'fyd...
SARA: Beth?
DORIAN: Wel, nes i agor y *cheesecake* 'ma ddoe, ac mae'n dweud ar y bocs "*consume within 24 hours*"... a fi newydd sylweddoli taw dim ond ugen munud sy' ar ôl 'da fi i'w fyta. Sori mawr!

Mae DORIAN yn dechrau gadael.

SARA: O, wel. Paid poeni, Dorian. Efalle welwn ni ti rywbryd 'to.
DORIAN: O, yn sicr! A phaid poeni am y *Strongbow Dark Fruits*, Richard. Os wyt ti'n cael gafael ar un, galwa heibio 'dag e rywbryd. *Au revoir*!

Mae DORIAN yn gadael.

SARA: O, wel, sori bawb! Do'n i ddim yn disgwyl i bobol adael mor fuan.
MAIR: (Gan godi o'i chadair) Efalle y gallwn ni aildrefnu rywbryd?
SARA: Chi off?
MAIR: Ydyn.
ELWYN: Ydyn ni?
MAIR: Ydyn, Doctor Elwyn Jones.
ELWYN: O ym... efalle fod hynny'n syniad da.
MAIR: Diolch i chi'ch dau am noson hyfryd. Falch ein bod ni wedi cael cyfle i chware rhywfaint o'r gêm 'ma o'r diwedd. Bydd rhaid i ni neud e gyda'r staff ar ddiwedd y tymor, Sara.
SARA: Ie. Bydde hynny'n dda, a bydda i wrth fy modd yn trefnu'r cwbwl i chi!
MAIR: Ti'n un dda, Sara! A ti'n gwbod beth? Heb ddweud gormod nawr, dw i'n edrych 'mlaen i gydweithio mwy yn y dyfodol...
SARA: Mwy?
MAIR: Gewn ni sgwrs ddydd Llun, ocê?

SARA: O... Ocê!
MAIR: Diolch eto, Richard.
RICHARD: Dim probs.
MAIR: Braf cwrdd â chi. Barod, Doctor Elwyn Jones?
ELWYN: Barod, twts.
MAIR: Twts?!
ELWYN: O! Mair! Sori...
MAIR: Dewch!

Mae MAIR yn gwthio ELWYN trwy'r drws ffrynt. Mae SARA yn dychwelyd i'r soffa yn bwyllog, yn meddwl am yr hyn a ddywedodd MAIR wrthi.

SARA: (Gan siarad i'w hun) Cydweithio mwy yn y dyfodol, ife?

Saib. Mae RICHARD yn araf wneud ei ffordd at y soffa hefyd.

RICHARD: Wel, aeth hwnna'n dda!
SARA: Ti'n meddwl? A fi'n sori os nes i stopo ti rhag cael hwyl heno.
RICHARD: Na! Na, na, na. Na. (Saib) Na. Sara, nes i wir joio. A ti'n gwbod beth? Nath Mair joio 'fyd. Fe ddwedodd hi, yndofe?
SARA: Wel... do.
RICHARD: Ac Elwyn! Wel, roedd e wrth ei fodd!
SARA: Ie.
RICHARD: A Dorian. Wel, fi'n credu roedd e jyst yn joio bod mas o'r tŷ! A fi'n credu bydd Mair yn meddwl, "Chware teg i Sara am wahodd y boi 'na. Mae'n amlwg bod Sara'n awyddus iawn i gynnwys pawb!"
SARA: Nes i ddim gwahodd Dorian... ti nath!
RICHARD: Be'? Nes i ddim gwahodd e!
SARA: Naddo?! Wel, o leia' nath e fwynhau. A ti'n gwbod beth? Ti'n iawn – aeth heno'n ocê. Glywest ti Mair, do?
RICHARD: Do?

Mae SARA yn codi o'r soffa ac yn dechrau crwydro o gwmpas yr ystafell.

SARA: Fe ddwedodd hi, "Dw i'n edrych 'mlaen i gydweithio mwy yn y dyfodol."
RICHARD: *Class*!

SARA: (Mae'n sylwi ar gaets Oli) Beth?!
RICHARD: Fe ddwedodd Mair ei bod hi ishe cydweithio mwy yn y dyfodol...
SARA: Na! Wyt ti wedi sylwi ar Oli?
RICHARD: Ym... Oli?
SARA: Mae'n wyrth! Pan nes i edrych bore 'ma, roedd Oli wedi marw!
RICHARD: Oedd e?
SARA: Oedd! So ti'n cofio fi'n dweud gynne, "sorta fe mas"?
RICHARD: Sorto fe? Ie, fel bwydo fe, ife?
SARA: Dim bwydo fe! Roedd e wedi marw! Wel... yn amlwg doedd e ddim! Diolch byth bod ti heb, achos edrych arno fe nawr...

Mae RICHARD yn codi o'i sedd ac yn edrych ar y caets.

SARA: Mae e'n fyw! O, Oli! Rhaid bod ti'n cysgu'n sownd pan edryches i arno ti pnawn ma! Richard... agora'r botel 'na!
RICHARD: Ie!
SARA: A ti'n gwbod beth? (Saib) Cer i nôl Billy 'fyd!
RICHARD: *Yes*!

Mae cerddoriaeth *Only You* gan Yazoo yn chwarae. Mae SARA yn arllwys gwin i'r gwydrau tra bod RICHARD yn nôl *Big Mouth Billy Bass*.

Pan mae RICHARD yn dychwelyd, mae'r pysgodyn yn cael ei hongian yn ôl ar y wal, ac mae RICHARD yn ymuno â SARA ar y soffa. Mae'n rhoi ei fraich amdani, ac mae'r ddau'n clecio eu gwydrau.

Mae'r golau'n diffodd fesul un, fel ar ddechrau'r sioe blydi randym yma!

Mae'r golau olaf ar yr ystafell ymolchi. Mae hwnnw'n dal am ychydig, ac yna'n pylu.

Y DIWEDD

Y BWLDOSER

gan

Sam Jones

Y BWLDOSER

GOLYGFA:

Mewnol – Cegin Fferm – 10 y bore – dydd Mawrth

Cegin fferm. Ar flaen dde y llwyfan mae bwrdd pren a lliain drosto. O'i amgylch mae chwe cadair. Ar flaen chwith y llwyfan gwelir soffa sy'n eistedd dau a blanced drosti i guddio ei gwir gyflwr. Ar gefn y llwyfan mae unedau cegin ac arnynt mae tebot, a sawl jar sy'n cynnwys bagiau te, coffi a siwgr.

CYMERIADAU:

Dai	ffermwr (gŵr i Ann)
Ann	gwraig fferm (gwraig Dai)
Ifan	gwas y fferm
Williams y Fet	fet sy'n mwynhau cario clecs
PC Evans	plismon y gymuned
Elen	merch Dai ac Ann
Keith	doctor o Gaerdydd a phartner i Elen

Mae'r llenni'n agor a'r golau'n codi ar Ann, sydd ar y ffôn â'i merch Elen. Dynes yw hi sydd wedi byw ei bywyd ar fferm Mynydd Ucha' gyda'i gŵr Dai. Mae'n wraig fferm draddodiadol, a gwisga ffrog hir a ffedog drosti. Ar y bwrdd gwelir cacennau, bara menyn, a phlatiau, soseri a chwpanau wedi eu gosod yn barod ar gyfer te deg. Mae Ann yn eistedd wrth y bwrdd.

ANN: Odi ma' Dad fel ma' fe t'mod… stressed fel arfer… mas ma' fe, yn addoli'r tarw newydd. Ma' Williams y fet yn dod 'ma heddi i roi ring yn ei drwyn e. Paid â gofyn pam… Odi ma' Ifan y gwas dal i fod 'ma, ma' fe'n sorto'r shede erbyn cneifo fory… Odyn… Wel, wrth gwrs geith Keith roi help… fydd dy dad yn falch o gal rhywun i helpu gyda'r gwlân… er, sdim lot o amser 'da fe at neb ond ei hunan dyddie 'ma.

Dai ac Ifan yn dod i mewn trwy ganol chwith y llwyfan. Dyma lle mae'r drws cefn a'r fynedfa i'r gegin o'r tu allan trwy gydol y ddrama. Gŵr Ann yw Dai ac mae ef hefyd yn ei bumdegau. Mae'n gwisgo jeans glas, sydd erbyn hyn 'di troi'n frown oherwydd yr holl faw sydd arno. Mewn ambell i fan mae patch wedi ei wnïo arno i guddio tyllau. Mae'n gwisgo crys check bob dydd a chap ffermwr ar ei ben. Mae golwg slafus arno.

Ifan yw'r gwas. Dyn sydd yn ei ugeinau hwyr. Mae e'n 'real headbanger' ond mae e'n ddiniwed. Mae'n aml yn lando'i hunan mewn i drwbwl wrth ddweud pethau heb feddwl. Gwisga oferôls Massey Ferguson a chap â phig ar ei ben. Mae e 'di bod yn gweitho ar y fferm ers ei fod e'n un ar bymtheg ac erbyn hyn yn rhan o'r teulu.

Mae Dai ac Ifan yn rhedeg i mewn i'r gegin.

DAI: Ann! Ann dere gloi, ma' Dozer 'di dianc o'r crush!
ANN: Hang on Dai, fi ar y ffôn! A Dozer?
DAI: Pwy ffôn fenyw! Ie Bull Dozer y tarw newydd! Dere gloi Ann! ma' gwerth miloedd o bunnoedd newydd redeg lan y lôn, a ma' fe ar y ffordd i'r dre!
ANN: Elen, fydd rhaid i fi ffono ti nôl nes 'mlan. Ma' dy dad 'di colli'i ben 'da'r tarw 'ma… ie, dishgwl 'mlan i weld ti e'fyd… cofia fi at Keith!… T'ra bach.
DAI: Hastia lan fenyw! Ti'n ystyried y damej alle anifail y pwyse 'na neud?

IFAN:	O! Mrs Jones!, Mrs Jones!… Faint o'r gloch yw hi?
ANN:	Mae jyst â throi deg o'r gloch pam?
IFAN:	O damo, damo! Wel, ma' fe Mr Richards y gweinidog yn cerdded y ci ar yr hewl bob dydd amser 'ma!
DAI:	Damo odi!
IFAN:	O, damo odi! Wi'n gallu ei weld e nawr, Y ddou ohonyn nhw yn cwrdd â'i gilydd ar yr hewl – fe Richards ar un pen, a Dozer ar y pen arall!
DAI:	Ifan, dere i ni gal rhoi'r horsebox yn sownd gloi cyn …
IFAN:	Rhedith e fe droso fe fel steam roller!
ANN:	Dai achan, cŵla lawr. Ti fel dyn dwl, achan. Nawr te, wyt ti Ifan moyn paned?
IFAN:	Ie gymra i…
DAI:	Paned?! Sain credu bo ti Ann yn gwbod pa mor seriws yw hyn. Sdim hyd yn oed inshwrans 'da fi ar y blydi thing to!
ANN:	Wel, wyt tithe'n dwp 'fyd yn dwyt ti. Odd y tarw bach yn dawel reit yn shed. Odd dim ise ymyrryd â fe a'i roi e yn y crush.
DAI:	Tarw bach?! Bwre hwnna lori Mansel Davies yn reit off! A'i roi e yn y crush wnes i achos bod y fet ar y ffordd i roi ring yn 'i drwyn e!
ANN:	Wel, sdim rhyfedd bod e 'di dianc. Shwt lice ti cal dy gloi mewn crush, i rhyw foi diethr ddod i roi ring yn dy drwyn di? A beth o ti moyn dod â tharw 'ma yn y lle cynta? Y'n ni 'di ymdopi'n iawn da'r A.I.
IFAN:	Wi'n cytuno 'da chi fa'na Ann, odd dim ise dod â'r lwmpyn 'ma. Ac allwch chi Dai ddod i arfer â sgrapio dan da a rhoi gwellt tanyn nhw achos sa i'n mynd 'n agos at y shed tra bod e 'na!
DAI:	Be ti'n sôn achan? Ti yw'r gwas a ti'n cal dy dalu i wneud dy waith, a 'na beth wyt ti'n mynd i wneud gwd boi.
IFAN:	Ie ond tarw yw e wedi'r cwbwl. Allith e droi (clicio'i fysedd) fel 'na!
ANN:	Ma pwynt i gal 'da fe. Reit de Ifan bach, wyt ti moyn te?
DAI:	Sawl gwaith sydd ise gweud fenyw? Y'n ni ddim moyn te!
ANN:	O'n i'n siarad 'da ti Dai? Ifan?
IFAN:	Na dim te diolch yn fowr, Mrs Jones.
DAI:	Gwd, nawr dere mas…

IFAN: Ond gymra'i goffi bach.
DAI: Wyt ti 'di anghofio pwy sy'n talu dy wêjes di? Nawr cod off dy din a cer mas o'r tŷ 'ma. Cer i moyn y cwad a cer i whilo'r blincin tarw.
IFAN: Y, iawn. Diolch am y cynnig Mrs Jones. Lle rhoddes i'n wellies i nawr 'to?…
DAI: Wrth stepen y drws!
IFAN: O ie. Wrth gwrs (chwerthin)

Ifan yn mynd allan.

ANN: O ma' fe'n ges yn dyw e!
DAI: Ces? Odi ma' fe. Ond gallwn ni byth a 'fforddo fe rhagor. Ma' fe'n blincin iwsles.
ANN: O Dai achan. Paid â bod mor galed ar y crwt, ma' fe'n trial 'i ore.
DAI: Odi. Geith e 'na 'da fi, ond dyw ei ore fe ddim yn ddigon da! Ti'n gwbod beth nath y clown bore 'ma wrth bo ni'n dod â defed lawr o' mynydd yn barod i gneifo fory?
ANN: Beth?
DAI: Wel es i lan i grynhoi, tra bod e'n bennu ei de, a wedes i wrtho fe i fynd mas i dop y lôn i'w troi nhw lawr at y ffarm yn lle bo nhw'n mynd 'mlan am y dre, a phan ddes i at y tro, odd dim sôn amdano fe ag ath y defed lan y rhewl a gorfod i fi rhedeg lan trwy'r cae er mwyn ei troi nhw nôl lawr at y lôn!
ANN: O fi'n siŵr bod eglurhad da gyda fe.
DAI: Wel o'n i'n disgwl un, ond ti'n gwbod lle'r odd e?! Odd e'n dishgwl ryw 'lie dectector results' ar y peth Jeremy Kyle 'na!
ANN: O gad e fod! Ti moyn paned cyn bod y fet yn dod?
DAI: Ond Ann achan, dyw e ddim fel bo ni'n gallu 'fforddo talu 'i wêjes e eniwê! Ma' rhyw fath o fil yn dod i'r tŷ 'ma bob dydd!
ANN: Dyw pethe ddim mor wael â 'ny. Y'n ni'n ymdopi'n iawn. Ma' pob un yn mynd trwy patches caled. Wellith pethe gydag amser. Be se'n ni'n mynd bant rhywle?
DAI: Bant i le fenyw?
ANN: Ti'n gwbod, bant. Bant ar holides. Cal cyfle i relacso… bach o haul.
DAI: A ma'r ffarm yn mynd i ddisgwl ar ôl 'i hunan yw hi?

ANN: Wel fi'n siŵr bydde Ifan yn fodlon disgwyl ar ôl y ffarm am gwpwl o ddyddie.

DAI: Ifan!? Ti'n gall? Ma' Ifan yn cal trwbwl watcho rôl 'i hunan, heb sôn am llond ffarm o anifeiliaid! I weud y gwir fydde fe'n ffito mewn gyda nhw.

ANN: O dere 'mlan. Alle holides yn yr haul fod jyst beth sy ise arno ni.

DAI: Dyw'r coese 'ma ddim wedi gweld haul ers sai'n gwbod pryd, a dy'n nhw ddim yn planno i weld e chwaith.

ANN: Ti'n amhosib weithe, wyt. Drycha ar John a Kate Mynydd Isa, ac Alan a Lyn Berthlwyd. Ma' nhw'n mynd ar 'i holides bob blwyddyn! Pam na alli di fynd â fi?!

DAI: Ma John Mynydd Isa ac Alan Berthlwyd yn enwog fel millionaires fenyw! Wyt ti 'di gwrando ar unrhyw beth i fi wedi 'i ddweud? Ni'n sgint! Ma' ise arian i fynd ar holides. A ta beth, fydd ise baler newydd 'ma cyn bo ni'n dachre ar y seilej.

ANN: Ond ma' baler i gal 'da ni, nagos e?

DAI: Ma'r hen Welger na mor ddibynol a bag Iceland. Wi 'di gweud ers blynydde bod baler newydd i ddod i'r lle 'ma, a 'leni wi'n stico at 'y ngair. Fydd yr hen Welger na'n cal dod mas o'r shed a'n strêt i scrap. Wedi meddwl am y peth, wi'n siŵr bydde Saint Ffagan moyn e – 'na pa mor hen yw e!

ANN: Pam na fedri di neud yr un peth â Gareth Ffos, cal pobol mewn i neud y cwbwl lot! Hei, allen ni'n dou fynd bant pryd 'ny wedyn tra bo nhw'n neud y gwaith!

DAI: Wyt ti'n hapus 'da pwy ti wedi'i briodi? Achos wi'n cal yr argraff ar hyn o bryd nagwyt ti. Alla i ddim a fforddo talu contractor i neud y cwbwl lot! A ta beth, pryd oedd y tro dwetha i fi brynu mashineri newydd?

ANN: Wi'n deall Dai, ond erbyn i ti gal y baler, fyddi di ishe tractor newydd i'w dynnu e, ac erbyn i ti gal y tractor, fyddi di ishe shed newydd i'w cadw nhw. Wi'n nabod ti'n rhy dda.

DAI: Sôn am shed newydd, fydd ishe rhywle i gadw'r tarw dwl 'na. Does dim chance sticith e yn y shed wair 'na. Unwaith welith e fuwch, fydd e off fel whipet.

ANN: Oreit oreit. ond ma' ise lot o stwff newydd ar y tŷ 'ma 'fyd cofia! Cegin newydd yn un peth. Fydd y gegin ma'n pacd fory da'r holl gneifwyr a'r gweithwyr moyn 'u bwyd! Lwcus bod

	Glenda'n dod draw 'ma nawr i roi help i fi lanhau'r tŷ a paratoi'r cig a'r veg erbyn fory.
DAI:	O so honna'n dod draw 'ma heddi 'to yw hi? Pwy ddiwrnod fuodd hi 'ma!
ANN:	A be ma' Glenda 'di neud i ti erioed ond helpu? Ti moyn cino ar y ford fory?
DAI:	Dim ond dod 'ma i fusnesa ambyti lle a hel straeon ma'i. Ti'n gwbod beth ma'r bois yn galw hi'n y Talbot? Glenda Gossip! Fydd hi lawr yn siop bore fory yn cloncan 'da'r Wendy ddol 'na ambyti shwt olwg sydd ar y lle 'ma a fydd pawb yn Nhregaron yn gwbod yn hanes ni wedyn.
ANN:	Well se ti'n gwario bach o arian ar neud y lle 'ma lan, fydde dim 'da hi i gloncan ambyti bydde fe!
DAI:	Ann sawl gwaith sy ise gweud? Does dim arian i gal 'da fi i wario. A gyda llaw, ma'n well i ti ffono hi Glenda nawr, i weud wrthi adael y car adre achos os ddechreuith hi fwrw glaw fydd ishe cal y defed dan do erbyn cneifo fory a'r peth dwetha i fi moyn yw'r blincin Beattle na'n bloco popeth bant.
ANN:	Fi'n siŵr bod hi'n gwbod gwell. Tro dwetha barcodd hi ar y clos, fuodd hi am orie yn whilo'i theiars hi'n yr afon!
DAI:	Wel allith hi gownto'i hunan yn lwcus te. Wi'n gweud 'tho chi, os ddeith y Beattle na'n agos i'r clos fydd e'n cal ei godi 'da bwced a loader a'i dipo mewn i'r domen.

Ffôn yn canu.

DAI:	O na'r fet shod yn ffono i weud faint o amser fydd e.
ANN:	Wel sdim lot o bwynt iddo fe ddod 'ma rhagor os e – heb darw. Ha!
DAI:	(mae'n ateb y ffôn) Helo… O ti sy 'na…Odi ma' Ann yn fan hyn… (yn sibrwd) Glenda Gossip.
ANN:	O, helo Glenda. Ffono i ofyn pryd ti moyn i fi bigo ti lan iefe?… O na?… na?… 9 o'r gloch bore ma?… Jiw jiw wel ma' 'na yn sioc… Odi… Wel welai di nes 'mlân te… a Glenda? Shwt i ti'n meddwl dod draw?… tacsi… ie 'na ni, wel fi'n siŵr fydd Dai'n ddigon parod i dalu amdano fe… Ok. T'ra.
DAI:	Nagw i'n talu am yr un tacsi i'r hen gwcw. Pam na allith hi gerdded? Allith hi neud tro a gwd wacen fach i gal gwared ar bola mowr 'na.

ANN: Ti'n un da i siarad. Ma'r hen fola 'na sda ti'n tyfu'n fwy bob dydd. Fydde fe'n gwd idea i ti fynd i joino'r gym.

DAI: Paid â siarad nonsens achan. Ti'n amlwg ddim 'di gweld fi'n rhedeg rownd y caeau ar ôl yr ŵyn bach. Wi'n dala nhw'n rhwydd, a cofia, ma' pedair coes i gal 'da nhw. Dwy sda fi! A beth odd hi ishe 'de?

ANN: Pwy?

DAI: Wel hi Glenda Gossip. Beth odd 'da hi i weud odd mor bwysig na alle hi 'di aros nes gweld ti nes 'mlan?

ANN: Wel ffono i weud odd hi bod Tomi clwb wedi marw bore 'ma.

DAI: Nagyw? So ti'n gweud? Be gath e?

ANN: Dy' nhw ddim cweit yn siŵr to, ond odd e'n alcoholic yn doedd e. Odd e dal yn ifanc.

DAI: Oedd. A shwt odd hi'r Gossip yn gwbod?

ANN: Dim syniad.

DAI: Pam bod hi bob amser yn neud hyn?

ANN: Be?

DAI: Mor gynted â fydd rhywun farw, fydd hi Glenda ar y ffôn trwy'r bore yn rhoi gwbod i bawb a phopeth. Dyw e ddim i neud â hi! Pam na all y fenyw ddangos bach o barch a chau 'i chops am unweth?

ANN: Wi'n gwbod. Mae yn ddrwg fel 'na. O, a gyda llaw fydd dim ishe i ti boeni am blygu i moyn y gwlân fory.

DAI: Pam ti'n gweud 'ny?

ANN: Wel i ti'n gwbod am Keith yn dwyt ti, cariad… fiancé Elen. Wel mae'n dod â fe adre pnawn 'ma am y tro cynta.

DAI: Keith? Pa fath o enw yw Keith? Wi erioed 'di clywed ffarmwr a'r enw 'Keith' o'r blan.

ANN: Wel dim ffarmwr yw e 'na pam.

DAI: Be? Wel does dim croeso iddo fe 'ma te. Ma' ishe i Elen ffindo rhywun sy'n mynd i ffarmo'r lle ma! Well ti ffono i weud wrthi i ddympo fe'n strêt. A pheth arall, dyw'r corcyn ddim 'di gofyn i fi am ei llaw hi.

ANN: Paid â bod yn sili, Dai. Ma' 'na'n hen ffasiwn erbyn hyn. A ma' Elen i'w weld yn hapus gyda'r boi 'ma, ac os yw hi'n hapus, i fi'n hapus, ac os i fi'n hapus, wyt ti fod yn hapus, Dai.

DAI: Ie, wel alli di wastad rhoi gwenwyn y llygod yn 'i gawl e, ha! Paid â gweud taw Sais yw e 'fyd?

ANN:	Na, boi o Gaerdydd yw e.
DAI:	Caerdydd? Sdim un merch i fi'n mynd i briodi dyn o Gaerdydd!
ANN:	Rho chance i'r crwt Dai. A gyda llaw ma'fe Keith yn ddoctor.
DAI:	Ow, odi fe?
ANN:	Odi so 'na ffys ohono fe, a falle gei di'r baler newydd na'n gloiach nag o ti 'di ddisgwl!
DAI:	Wel ie! Ti'n genius Ann. Pryd ma'nhw fod i gyrraedd? Wi moyn yn siwt ore i'n barod a ma'n well i ti roi'r immersial heater 'mlan i fi gal bath!
ANN:	Dim ond jocan o'n i.
DAI:	Wedi meddwl, allen i neud tro 'da fan newydd hefyd. Reit, wi'n mynd mas i weld shwt lwc ma' Ifan 'di gal yn ffindo'r tarw 'na, a wi moyn ti i neud yn siŵr bod y lle 'ma yn spotless ar gyfer pan fydd Keith yn cyrraedd!
ANN:	Alle ti weud bod y Queen yn dod 'ma ffordd i ti'n siarad.

Cnoc ar y drws.

WILLIAMS: Helo?
ANN: Dewch mewn

Daw Williams y fet i mewn. Dyn yn ei bumdegau. Mae'n mwynhau ei waith ac yn mwynhau hel clecs o fferm i fferm. Mae e'n fusnes i gyd. Gwisga jeans, a chrys bob dydd. Mae'n mynd i dynnu ei wellingtons.

ANN: O sdim ishe i chi dynnu nhw. Dewch i ishte.

Mae'n eistedd.

DAI: Ie shwt ma'r hwyle Williams?
WILLIAMS: Wel ti'n lwcus bo fi 'da ti nawr i weud y gwir.
DAI: Pam 'ny?
WILLIAMS: Wel o'n i lan yn Ty'n Domen bore ma'n testo T.B. – Blincin hel ma' lle 'na.
DAI: Be ti'n feddwl?
WILLIAMS: Wel ma' gas gweld y lle i weud y gwir. Ma'r mab dwl na 'di gadel i'r lle fynd ers i Rhys farw. Dim gair o gelwydd, ond odd ishe wellingtons arnai fynd mewn i tŷ 'na.
ANN: Paid â gweud? Pan odd Rhys byw odd y lle fel pin mewn papur.

WILLIAMS: Ti'n iawn. Odd bleser gweld y lle 'da fe. Ond erbyn hyn, ma'r machinery 'di cal bod tu fas i bydru, does dim blewyn o borfa 'na a ma' gas gweld y da a'r defed. Dim gair o gelwydd ma' mwy o gig ar y gath sda fi na sydd ar rai o'r buchod 'na.

DAI: Jiw jiw.

WILLIAMS: Wel ie, does dim cliw 'da fe. Ond 'na fe, gath e'r cwbwl lot ar ôl 'i dad, yn do fe, a ma'r arian 'di mynd i'w ben e. A ti'n gwbod y Massey 14 plate 'na oedd 'da Rhys? Wel ma' fe 'di ymhoeli honna mewn i'r ditch sy'n rhedeg lawr wrth ochor y lôn i'r ffarm, a mai 'di cal bod 'na ers misoedd.

DAI: Na? Paid â'u gweud nhw.

WILLIAMS: O dim gair o gelwydd. Ma' enw'r ffarm yn gweud y cwbwl erbyn hyn, achos 'na beth yw hi, un domen fowr.

ANN: Wel beth ddigwyddodd te?

WILLIAMS: Be?

ANN: Wel y'ch chi'n lwcus i fod 'ma. 'Na be wedoch chi pan dd'ethoch chi mewn i'r tŷ.

WILLIAMS: O reit ie. Wel lawr yn dre ddigwyddodd y trajedi.

ANN: O, reit. Wel gwedwch wrthon ni be ddigwyddodd te, Williams bach.

WILLIAMS: Wel oedd syched ar diawl arna i wedi i fi fod yn Ty'n Domen. Wel, odd dim chance bo fi'n mynd i gal cynnig te da'r ionc 'na odd e.

ANN: O maddeuwch i fi. Odych chi moyn dishgled?

WILLIAMS: W, gymerai ddishgled gan bo chi di cynnig yndife.

Mae Ann yn mynd at y gegin ac yn rhoi'r tegil i ferwi.

DAI: Wel gwedwch be ddigwyddodd te.

WILLIAMS: Ie, lle'r o'n i nawr. A ie, so es i mewn i Spar i moyn can o coke a paced o grisps, ac ar ôl i fi dalu, es i mas i'r pavement, a croesi'r hewl at y fan, fel i chi'n neud yndife.

ANN: Ie…

DAI: Ie der 'mlan achan!

WILLIAMS: Ie wel ma'n rhaid nagon i 'di edrych i weld os odd rhywbeth yn dod yn iawn achos fel o'n i'n dod i ganol y rhewl, pwy ddath heibo fel idiot, a byti'n mwrw i drosto odd Richards y gweinidog.

DAI: Wi wedi gweud ers misoedd nagyw'r gweinidog na'n ffit i fod ar rhewl. Dyw 'i lyged e ddim digon da o bell ffordd a fuodd e biti dod mewn i fy dydd o'r blân! Ma'r hen Skoda na sydd 'da fe 'di gweld dyddie gwell 'fyd!

WILLIAMS: Ie wel se fe yn y car fydden i ddim 'di cal gyment o sioc!
ANN: Be chi'n feddwl?
WILLIAMS: Wel ar ei draed odd e yndife, yn rhedeg drwy'r dre fel rhyw whippet!
ANN: Na?! Oes cnoc ar y dyn te?
WILLIAMS: Wel os nagos cnoc arno fe, oedd e o fewn dwy lath o gal un!
DAI: O't 'di gwylltio gyment â 'ny?
WILLIAMS: Nagon i! Ond odd y tarw odd ar ei ôl e wedi!
DAI: Tarw?!

Mae Ann yn gafael yn y tegil. Rhoi bag te i mewn i gwpan Williams sydd ar y bwrdd o'i blaen ac yn arllwys y dŵr. Mae'r sioc yn ormod wrth iddi wrando ar yr hyn sda Williams i'w ddweud ac mae'n rhewi gan adael i'r te fynd dros y lle i gyd.

WILLIAMS: Wel ie. Fydde'n i'n rhedeg fel whipet hefyd se ryw darw hanner call a dwl ar yn ôl i! Ma' ta pwy sy berchen y tarw 'na yn lwcus iawn achos odd e o fewn modfedd o fwrw fi, a wi'n gweud wrtho chi, se fe wedi, fydden i'n siwo'r perchennog o bob ceiniog sy 'da fe!
DAI: Dim lot 'de.
WILLIAMS: Be?
DAI: Y, dim.

Wrth i Williams gario ymlaen â'i stori mae Ann yn dechrau rhoi siwgr yn ei chwpan. Ac yn rhofio llwyed ar ôl llwyed i mewn iddi. Mae'n banics llwyr.

WILLIAMS: Ond stori arall yw honno. Ma' ta pwy sy berchen y tarw 'na mewn trwbwl lan i'w cluste ta beth achos, buodd e biti mynd trwy ffenest Medical Hall, a fwrodd e BMW newydd John Hughes N.F.U. yn reit off! 40,000 brand spanker! A sai'n credu fydd bois y Council yn hapus iawn chwaith achos ma' fe 'di domi dros y lle i gyd! Jest gobitho fod digon o fynd yng nghoese Richards yndife, achos os bod y tarw 'di fwrw fe... Duw a helpo'r perchennog! Ha!
Odych chi'n oreit fan 'na Mrs Jones?... Mrs Jones?

ANN: (yn wyllt) E? Odw odw, os digon o siwgr 'da ti fan 'na?
WILLIAMS: Well i chi rhoi un fach arall i fod yn saff. Ha!

Mae Ann yn mynd i rhoi llwyaid arall iddo.

WILLIAMS: Na, na, dim ond jôc. Ma'r te yn iawn. Lyfli.
DAI: £40,000?
WILLIAMS: Ie ma'n lwcus nagodd John 'i hunan yn y car neu fydde fe'n reit off 'fyd! Ha!
DAI: Wel ie, ma' 'na yn lwcus. Gwed wrtha i Williams, welon nhw'r tarw 'ma wedyn te?
WILLIAMS: Naddo, ond fyddan nhw ddim yn hir cyn ffindo mas, achos pan adawes i'r dre i ddod 'ma, odd PC Evans 'na yn holi cwestiyne. Ofynnodd e fi os o'n i 'di dod ar ei draws e, ond nagon i 'di gweld y tarw 'ma o'r blan.
DAI: Blincin rhacsyn o darw.
WILLIAMS: Wel, does dim bai ar y tarw os e? Bai'r idiot sy'n i berchen e yw e yn gadel iddo fe ddianc fel 'na. Dim ond whare odd y tarw bach. Wi'n gweud wrtho chi, does dim cliw 'da rhai ffermwyr dyddie 'ma. Ma' nhw'n meddwl bo nhw'n gwbod y cwbwl, a gwbod dim yn diwedd!
DAI: Wel, ie. Ha. Ond ma' nhw 'di gweud erioed nag oes tryst yn y teirw coch 'ma.
WILLIAMS: Wedes i ddim ma' tarw coch odd e do fe?
DAI: Yh naddo fe? Wel geso o'n i. Na'r lliw ma' nhw fel arfer yndife! Lle ti'n feddwl ma' fe erbyn hyn?
WILLIAMS: Wel os ma' siarad am Richards wyt ti, weden i fod e'n fflat fel pancake lan yn pentre rhywle.
ANN: O Williams paid â gweud 'ny!
DAI: Dim Richards, ond y tarw achan!
WILLIAMS: Hmm..Wel lan rhewl Abergwesyn ath e, ag odd dim golwg stopo arno fe. O! dychmygwch y damej ma' fe 'di neud erbyn hyn! A cofiwch os garith e 'mlan mynd am gwpwl o filltiroedd, ddeith e at blas Lord Morgan. Wi'n gallu ei weld e nawr yn domi dros yr ardd ac ar ben y blode bach pert 'na, a cofiwch dyw BMW newydd John N.F.U. yn ddim byd i gymharu â Porchse Lord Morgan! O ran cost ta beth! Ha!
ANN: Gobitho eith e ddigon pell a ddeith e byth nôl.
WILLIAMS: Be?

DAI: O dim byd!

WILLIAMS: Hen darw chep odd e ta beth.

DAI: Chep? Nagodd ddim!

WILLIAMS: Dai, beth i chi'n sôn amdano fe bachan?

DAI: Wel… Does dim un tarw yn chep dyddie 'ma os e.

Williams: I weud y gwir, fydde'n i ddim 'di rhoi deg punt amdano fe. Odd dim hyd iddo fe, ag odd siap od ar diawl i'w ben e! y lladd-dy yw 'i le fe os ti'n gofyn i fi.

DAI: Wel o'n i ddim yn gofyn i ti, o'n i?

WILLIAMS: Reit. Allech chi weud wrth y ffordd i chi'n siarad ma'chi sy'n i berchen e! Ha!

Dai ac Ann mewn sioc mawr.

WILLIAMS: Ha! Dim ond jocan i fi. Os gobeth cal ginger biscuit fach i fynd 'da'r paned ma?

Mae Ann yn rhoi'r bisgedi ar y bwrdd.

WILLIAMS: Diolch yn fowr i chi. Wi'n gweud 'tho chi, ma'r trip o Aberaeron i 'ma yn werth pob galwn o betrol, jyst am y te a'r biscuits.

Mae Williams yn gymryd dracht o de ac yn gwneud ystumie, am ei fod e mor felys.

WILLIAMS: Fydda'i ddim yn hir nawr Dai. Lle ma'r tarw 'ma 'da chi? Yn y shed ife?

DAI: E?

WILLIAMS: Y tarw! Lle ma'r tarw i fi gal 'i ringo fe? Na beth i chi moyn 'i neud heddi iefe?

DAI: Y ie ie. Ma' Ifan mas da'r tarw nawr. Af i mas ato fe i gal rhoi'r tarw yn y crush tra bo chi'n bennu'ch te a'ch ginger nuts.

WILLIAMS: O odd Ifan lawr yn raspo'r cwad rownd dre ginne. Odd e'n risgo'i bach i weud y gwir achos does dim hyd yn oed inshwrans 'da chi i fynd ar cwad ar yr hewl os e? Ag odd lot o police ambwyti'r lle o achos y tarw 'na.

DAI: Shwt i chi'n gwbod nagoes insurance 'da fi i fynd ar cwad ar yr hewl?

WILLIAMS: Fi'n gwbod popeth Dai bach.

Effaith sain cŵn yn cyfarth a modur yn cyraedd y clos.

DAI: Ie wel, na beth y'ch chi'n feddwl.

Mae Williams yn gorffen ei de.

WILLIAMS: Reit, mas â ni i gal sorto'r tarw 'ma iefe?
DAI: Ymm… Wel i weud y gwir wrtho chi Williams…

Daw Ifan i mewn

Mae Williams yn troi ei gefn at Dai ac yn edrych ar Ifan. Mae Dai yn gwneud arwyddion i geisio dweud wrtho i beidio sôn am y tarw.

IFAN: Sain credu welwn ni Dozer 'to bos! E? (Dai yn gwneud ystumiau tu ôl i Williams i ddweud wrth Ifan i gau ei ben) Pam i chi'n tynnu llymane?
WILLIAMS: Dozer?
IFAN: Wel Dozer y ta…
DAI: Twrci newydd!
WILLIAMS: Twrci? Mae braidd yn gynnar i brynu twrcis nagyw hi? Newydd fynd heibo 'ma Dolig dwetha.
DAI: Ie wel, Ann fan hyn odd ishe pet. Yndife Ann?
IFAN: Pwy dwrci i chi'n sôn amdano fe? Dozer y tarw newydd ddyn. Ma' fe wedi mynd a.w.o.l.
WILLIAMS: Ooo odi fe nawr?

Mae Dai yn gwneud rhagor o arwyddion ar Ifan.

IFAN: Beth y'ch chi'n neud Dai? Wel ddiangodd e o'r crush bore 'ma chi'n gweld. A wi 'di bod ar y cwad ar ei ôl e. Ddes i ben a mynd rownd iddo fe ar dop y lôn, ac o'n i'n meddwl bod e 'da fi, ond glywodd e buwch Tanylon yn brefu a bant â fe heibo i fi a tro nesa weles i fe, odd pan dath e i gwrdd â Richards. A chi'n gwbod y corgi newydd 'na sy 'da fe?
DAI: E?
IFAN: Wel wi wedi bigo fe lan achos neith e rug bach neis i chi o flan tân.
ANN: Ifan achan!
WILLIAMS: O! Wel wel, pam se chi 'di gweud?
IFAN: Wi yn gweud! Ta beth, gath ffon Richards ffling dros y clawdd a ma' fe off, a ma' Dozer off ar 'i ôl e.

WILLIAMS: A beth ddigwyddodd wedyn?!
IFAN: Wel weles i ddim ohonyn nhw am ache, ond ma' mes ar diawl rownd dre, a'r stori sy rownd lle yw ma' nage Dozer sy'n gyfrifol am yr holl ddom, ond fe Richards! Ha!
WILLIAMS: Jiw jiw, so ti'n gweud!
IFAN: Odw wi yn gweud! Ond ta beth wrth bo fi'n mynd lan rhewl Abergwesyn, pwy weles i yn y ditch ar ochor rhewl oedd fe Richards.
WILLIAMS: Shwd olwg odd arno fe?
IFAN: Odd golwg ar diawl arno fe. Ag odd e ffili symud ar ôl y sioc odd e 'di gal. So hwpes i fe ar bac y cwad yn fflat, glwmes i goese fe a stretches i un o'r springs 'na sda chi Dai ar y cwad drosto fe fel bod e ddim yn cwmpo off. Dyle chi 'di bod 'na i weld gwynebe rhai o'r bobol wrth i fi ddreifo nôl trwy'r dre!
DAI: Allai gredu! Blincin twpsyn!
WILLIAMS: So ble ti'n weud ath y tarw wedyn Ifan?
IFAN: Wel wrth bo fi'n rhoi Richards ar y cwad, dryches i mas i'r pellter a 'na lle'r odd Dozer yn taranu am blas Lord Morgan! Well i chi Ann ffono i weud wrthyn nhw roi'r Porsche 'na yn y garej. Dychmygwch y gost se fe'n digwydd i glipo fe. A ma' fe 'di bwrw jeep newydd Wil bwtcher yn reit off yn barod!
DAI: Jeep newydd Wil bwtcher? O dduw. Mae ar ben 'ma!
WILLIAMS: Reit mae'n bryd i fi fynd shod. Diolch am y te a'r biscuits Mrs Jones. A Dai… peidwch a becso… weda i ddim gair am y tarw! Hwyl!

Williams yn gadael. Mae'n chwerthin yn ei hunan wrth iddo gerdded i ffwrdd ochr chwith y llwyfan.

DAI: Blincin rhacsyn. Fydd pawb yn y dre yn gwbod ma' ni sy berchen y tarw nawr!
IFAN: Ni? Enw chi sy lawr fel perchennog y tarw iefe?
DAI: Ti 'fyd fel ryw hwrdd! O'dd pob peth yn iawn cyn i ti ddod miwn i'r tŷ. Fydde'r tarw wedi mynd i golli a fydde dim sôn amdano fe.
IFAN: Just neud yn siŵr o'n i, achos sa i moyn trwbwl na choste ar 'i ôl e.
DAI: Dy fai di yw e yn y lle cynta! Se ti 'di cau gât y crush yn iawn, fydde dim o hyn 'di digwydd, a fydde ni mas ar y clos nawr

	da'r fet yn rhoi ring yn 'i drwyn e! Wi'n gweud 'tho ti Ifan, paid â meiddio dod nôl i'r ffarm 'ma 'to!
ANN:	Dai achan, cŵla lawr. Ti'n neud ffŵl o dy hunan. Ma' pawb yn neud mistakes weithe.
DAI:	Rhai yn fwy aml na'i gilydd. Ma' ryw hassle ar ôl hwn bob dydd, ac os ti'n gofyn i fi. Mistêc odd 'i gyflogi fe yn y lle cynta. Ma' mwy o gomon sens da'r ginger biscuit 'na.
IFAN:	Sori bos.
DAI:	Sori? 'Na gyd sda ti i weud? Ti'n gwbod faint o arian i fi'n mynd 'i orfod i dalu achos dy fistêc di?!
ANN:	Ti fel ryw deigr fan 'na achan. 'Na gyd sda ni i neud yw gobitho fod y tarw 'di rhedeg yn ddigon pell, a gweddïo i Dduw na chan nhw fynd yn agos ato fe i weld 'i dags e.
IFAN:	£3000 pound lawr y drên. Hei, alle chi 'di prynu gwd baler second hand 'da'r arian 'na Dai.
DAI:	Reit wi moyn ti mas o'r tŷ 'ma, cer o 'ma a paid byth â dod nôl!
IFAN:	E? Just gweud o'n i. A mae'n ddiwrnod cneifo fory beth bynnag. Diwrnod mwya bishi'r flwyddyn 'ma. Be sei'n dechre bwrw? Fydde neb 'ma i'ch helpu chi gal y defed mewn.
DAI:	Wyt ti wir yn meddwl bod ti yn unrhyw fath o help i fi? Fyddai'n wel off hebddo ti !
ANN:	O sôn am gneifo, ma' ishe i fi baratoi. A ma' ishe i chi'ch dou dynnu'ch hunen at ych gilydd 'fyd. Fydd Glenda 'ma mewn munud a so ni moyn iddi hi amau unrhyw beth nawr i ni.
DAI:	Glenda? Dyw'r fenyw 'na ddim yn dod yn agos at y ffarm 'ma heddi. Ti'n gwbod fel ma' hi, fydde rhywbeth fel hyn yn fêl ar 'i bysedd hi. Ffona di Glenda nawr i ganslo.
ANN:	Ond Dai…
DAI:	Os na wnei di, fe wna i, a ti ddim moyn i 'na ddigwydd wyt ti.
ANN:	Ond sdim gobeth 'da fi ddod i ben yn hunan.
DAI:	Geith Ifan dy helpu di gan fod ti mor ffond o fe.
IFAN:	Ond..
DAI:	Ond dim byd. Reit wi'n falch bo ni 'di sorto 'na mas. Nawr cer di i ffono Glenda ac Ifan…
IFAN:	Ie.
DAI:	Tyn yr oferôls na bant a cer i roi ffedog mlân.

Mae Ann yn cerdded bant ochr dde'r llwyfan.

Cnoc ar y drws.

DAI: O blincin hel. Ann! Ann! Ti'n rhy hwyr ma' hi Glenda 'ma.

Saib.

Cnoc arall ar y drws.

DAI: Ann achan!
ANN: Beth?
DAI: Ma Glenda ma'n barod. Mae'n cnoco ar y drws. Cer di ateb, achos sa i moyn gweld 'i gwep hi.
ANN: Nagyw ddim ddyn, wi newydd ffono hi fel wedes di, i weud wrthi i beido dod 'ma heddi. Wedes i wrthi gallen i ymdopi'n hunan. A ta beth, ti'n gwbod nag yw Glenda'n cnoco, mai'n cerdded strêt miwn,
DAI: O odi wi'n gwbod, tro dwetha gerddodd y gwcw mewn heb gnoco, ddalodd hi fi yn ym mhants i.
ANN: Wel serfo ti'n reit yn parado'r tŷ yn dy bants. O'n i'n mynd i weud falle ma' Keith ac Elen odd 'na 'di troi lan yn gynnar ond fydde hi ddim 'di cnoco chwaith.

Cnoc arall ar y drws.

ANN: Af i gal lwc nawr.

Daw PC Evans i mewn. Mae'n cario pad nodiadau.

PC EVANS: Bore da Mr Jones.
DAI: Odi hi?
PC EVANS: Pam na fydde hi?
IFAN: Wel PC Evans, i ni 'di cal bore ar cythrel 'ma
PC EVANS: A shwt ny?
IFAN: Wel..
DAI: Wel..
PC EVANS: Wel..
DAI: Wel, Ann fan hyn gwmpodd yn glariwns lawr y stâr bore 'ma.
IFAN: Do fe? Wel pam se chi 'di gweud! Odych chi'n iawn Ann?

Mae Dai yn pwnio Ifan yn ei ochor i ddweud wrtho am gau ei geg fel petai.

PC EVANS: Ma'ch gwraig i weld yn iawn i fi, Mr Jones.

DAI: O odi odi, mae'n iawn nawr. Ond o, fuodd hi'n anymwybodol am orie, yn do fe Ann?

ANN: E? Y do do.

DAI: Do, fi odd 'di gadel… pâr o sgidie… ie… ar dop y stâr a faglodd Ann drostyn nhw a lawr â hi... a chi'n gwbod beth PC Evans?

PC EVANS: Beth?

DAI: On i'n meddwl bod fi 'di cholli hi.

ANN: Dai!

PC EVANS: Beth i chi'n feddwl i fi? Twpsyn?

IFAN: Ie.

ANN: Odych chi moyn paned PC Evans?

PC EVANS: Na, fydda i ddim yn hir.

IFAN: Oes unrhyw newyddion 'da chi ar Dozer PC?

PC EVANS: Dozer?

IFAN: Wel ie, Dozer y tarw dwl 'na fuodd ambwyti'r dre bore 'ma. Licen i ddim bod yn sgidie ta pwy sy berchen e! Ha! Be chi'n weud Dai?

PC EVANS: O'ch chi'n ei nabod e o'ch chi?

IFAN: Pwy nawr?

PC EVANS: Y tarw 'ma.

IFAN: Ei adnabod e? Nagw i erioed 'di weld e o'r blân! Ha! Pa liw odd e gwedwch? (yn rhoi winc at Dai)

PC EVANS: Wel os nagych chi'n ei adnabod e, sut yn y byd y'ch chi'n gwbod ei enw fe?

IFAN: O…

DAI: Wel Ifan fan hyn sda rhyw obsesiwn 'da galw pob anifel…

PC EVANS: Wi 'di cal hen ddigon o'ch celwydde chi Mr Jones. Ma'ch tarw chi wedi achosi gwerth miloedd ar filoedd o ddifrod. Y'ch chi mewn trwbwl lan at ych cluste.

DAI: Gwrandwch chi 'ma PC Thomas, does dim prawf 'da chi o gwbwl taw'n nharw i yw hwnna. Fydd rhaid i chi gal gafel ynddo fe gynta, a chyn bo chi'n neud 'ny, does dim rhaid i fi ateb ych cwestiyne chi.

PC EVANS: Wel mater o amser fydd hynny, a chofiwch ma' 'da ni dyst. Williams y fet yn un. Dyn parchus tu hwnt. A cyn i fi adael, wi moyn i chi gal hwn.

IFAN: Williams!

PC EVANS: Dyma restr o'r holl bethau a gafodd ei difrodi gan eich tarw. Fyddai'n syniad i chi nôl y cyfrifiannell i chi gael cyfrif cyfanswm y difrod. Diolch i chi am y'ch amser. Fyddwn ni'n siŵr o siarad yn fuan. Hwyl, Mr Jones.

PC Evans yn gadael.

DAI: Ie gwynt teg ar dy ôl di fyd.
ANN: Dai bach wi'n siŵr nag yw pethe mor wael â 'ny.
DAI: Mae ar ben 'ma. Fydde Dad yn troi yn 'i fedd se fe gwbod! Fydd dim dewis 'da ni ond gwerthu'r lle 'ma.
ANN: Y'n ni 'di bod mewn sawl twll sawl tro o'r blân ac y'n ni bob amser 'di ffindo ffordd i ddod mas ohono fe.
DAI: Wi'n ofan nagoes ffordd i gal tro 'ma. Blynydde ar flyndde o waith ar ben.
ANN: Dewch i fi gal pip ar y rhestr 'na. Falle nag yw pethe mor wael â 'ny.

Mae Dai'n pasio'r papur i Ann ac mae Ann yn ei ddarllen

Enter Keith ac Elen. Merch Dai ac Ann yw Elen ac mae hi ynghanol ei hugeiniau. Mae'n gwisgo dillad cyfforddus y byddai dynes o'r oed yna yn eu gwisgo. Er enghraifft jeans a top. Mae'n cario bag ac yn ei osod ar y bwrdd wrth iddi ddod i mewn.

Keith yw ei dyweddi. Mae e'n ei dridegau cynnar ac yn ddoctor. Mae e 'di gwisgo'n smart mewn trowsus ac esgidiau du, a chrys a thei. Mae'n cario siwtces. Mae'n dod o Gaerdydd ac felly mae acen Caerdydd ganddo.

ELEN: Helo?
ANN: O helo bach. Dere fewn. (cofleidio) A ma'n rhaid ma' ti yw Keith!
KEITH: Hello Mrs Jones.
ELEN: A shwd y'ch chi Dadi?
DAI: Gall pethe ddim bod lot gwaeth i ddweud y gwir bach.
ELEN: Wel ma' rhai pethe byth yn newid. Dyma Keith.
KEITH: Hello Mr Jones, dwi wedi clywed llawer amdanoch chi a'r teulu, a dwi eisiau i chi wybod fy mod i yn caru'ch merch chi yn fawr.

Mae'r ddau yn ysgwyd dwylo.

DAI: Neis cwrdd â ti Keith.

Saib

ELEN: A Keith dyma Ifan y gwas.
DAI: Ifan yr hen was.

Keith ac Ifan yn ysgwyd dwylo.

DAI: Ifan, os wyt ti moyn neud rhywbeth o werth, cer mas i roi gwellt dan y llou bach. Fyddi di'n ffito miwn yn well mas yn shed 'da nhw ta beth.
IFAN: Iawn bos.

Ifan yn gadael.

ELEN: Wel dwed wrtho fe te Keith.
DAI: O paid â gweud bo ti'n mynd i ofyn i fi am law Elen, achos na yw'r ateb. Sai'n dy nabod ti ddigon da to. Ma' nw'n gweud wrtha i fyth trysto bois o'r brifddinas.
KEITH: Ow na, do'n i ddim wedi meddwl gofyn shwt beth.
DAI: Wel beth wyt ti moyn te?
ELEN: Dadi, dangoswch bach o barch.
KEITH: Dwi'n ymwybodol eich bod chi wedi cael problem gyda rhyw darw bore ma?
DAI: A shwt i ti'n gwbod? O grêt! Ma'r news 'di cyrradd Caerdydd 'fyd! Man y man i nhw gloi fi lan nawr.
ELEN: Gwrandwch Dadi.
KEITH: Wel ar ôl i ni gyrraedd yr iard a pharco, o'n i methu helpu sylwi ar y plismon yn gadael y tŷ.
DAI: O do, gobitho na siaradoch chi da'r corcyn!
KEITH: Wel dyna'n union y gwnes i.
DAI: Beth?
ELEN: Gwrandwch Dadi, fi ath i holi PC Evans beth odd 'di digwydd ag os odd popeth yn Ok. Dywedodd e bo chi mewn trwbwl mowr, a soniodd e rhywbeth ambwyti rhyw darw.
DAI: Odd dim busnes 'da chi fynd i holi iddo fe!
ELEN: Allwch chi ddiolch i Dduw bo ni wedi!
KEITH: Ac allwch chi ddiolch i Dduw bod y llyfr sieciau 'da fi ym mhoced yng nghôt i.
DAI: E? Be ti 'mlân 'da fi, grwt?

KEITH: Wel ma' pob heddwas yn hoffi bonws nawr ac yn y man. Os y'ch chi'n gwbod beth i fi'n sôn am Mr Jones..

DAI: Na!?

ELEN: Ie! Sai'n credu welwch chi fe PC Evans ar hast.

DAI: Keith! Dere ma! Ti 'di achub ym mywyd i grwt! Ann cer i newid, y'n ni'n mynd mas i ddathlu! Pam na wnes i feddwl am 'bribe'. Dala i ti nôl bob ceinog! Diolch yn fowr i ti!

KEITH: Mae'n iawn siŵr. A fydden i byth yn cymryd y'ch arian chi Mr Jones. Ma'r banc balans i'w weld yn ddigon iachus ta beth, ond petaech chi'n gallu cael gwared ar y pot holes sydd ar y'ch lôn chi fydde na'n grêt. Dyw e ddim yn neud lles o gwbwl i suspension y Merc.

ANN: Ww Mercedes ife?

KEITH: Ie.

ELEN: Ma'r Merc yn un o dri o geir Keith, chi'n gweld Mam.

ANN: Tri?

KEITH: Wel ie. Mae diddordeb mawr 'da fi mewn ceir swanc. Ma' 'da fi'r Merc, Audi, a'r Porsche at achlysuron arbennig.

ANN: W posh. Fydd rhaid i chi fynd â ni am sbin rhyw ddiwrnod

KEITH: Ie yn bendant. Fydd rhaid i chi a Dai ddod lawr i Gaerdydd ata i ag Elen ag ewn ni a chi am twr o'r ddinas.

ANN: Wel ie, be ti'n weud Dai?

DAI: Wel ie pam lai! Y'n ni yn dathlu, yn dy'n ni. Ond cofia Ann bod arian dal yn brin 'ma, ag i fi fod ei safio nhw ar gyfer baler newydd.

ELEN: Be sy 'di digwydd i'r un odd 'da chi?

DAI: Ma fe wedi bennu bach. Capwt! Ond ma'r rhai newydd ma'n ddrud i bobol tlawd fel ni, yn dy'n nhw Ann. Fydde rhaid i fi safio lan am flynydde. (HINT HINT)

KEITH: Faint ma' nhw'n gostio?

DAI: Obeuti £15,000.

KEITH: Dim problem Mr Jones. Rwy'n myn i nôl y cês. Dewiswch chi'r baler i chi moyn a seina i'r cheque,

DAI: Wel ti'n werth y byd wyt grwt! Gei di briodi Elen fory os wyt ti moyn! Wedi meddwl y… Keith, allen i neud tro â tractor newydd fyd, ma'r hen International 'na 'di…

ELEN: Dad peidwch â bod mor cheeky. Ma' Keith 'di gweud brynith e faler newydd i chi. Byddwch yn hapus 'da be chi'n gal a peidwch bod mor farus.

DAI:	Ie ma'n ddrwg 'da fi Keith. Ma' pethe yn wael 'ma ar hyn o bryd. Arian yn brin.
ELEN:	Gall pethe ddim bod mor wael â 'ny?
DAI:	Wir i ti. Fydden i byth yn gallu dychmygu gwerthu'r lle 'ma ond mae'n dod i'r pwynt lle does dim dewis arall i gal 'da fi.
KEITH:	Wir? Wel fydden i ddim eisiau gweld hynny'n digwydd.
ELEN:	Dadi chi ddim o ddifri, y'ch chi?
DAI:	Odw bach, wel fydd hi'n bryd i fi riteiro mewn rhai blynydde, a does neb 'da fi i gymryd droso'r fferm. Wel does dim mab i gal 'da fi a fydden i ddim yn dishgwl i ti wneud.
KEITH:	Wel gadewch i fi gwneud cynnig i chi Mr Jones.
DAI:	Paid â gweud, wyt ti'n mynd i ffarmo'r lle 'ma?
KEITH:	Na ddim cweit. Beth petawn i'n prynu'r fferm oddi wrtho chi?
ELEN:	Keith?!
DAI:	Wel ma' beth yw sioc. Pam fydde ti moyn neud 'ny?
KEITH:	Wel, ffafr fydde fe yn fwy na dim. A ta beth, fydde dim byd yn newid.
DAI:	Dim byd?
KEITH:	Wel yn enw i fydde ar y fferm, ond chi fyddai'n ffermio yma. Y'ch fferm chi fydde hi o hyd.
DAI:	Ann beth wyt ti'n feddwl?
ANN:	Sai'n siŵr Dai.
ELEN:	Dadi plis!
KEITH:	Fe wnelen i'n siŵr fod y machineri top of the range 'da chi, a hefyd siediau newydd sbon i'w cadw. A ta beth, unwaith fydda i ac Elen wedi priodi, fydd hi'n berchen ar ei hanner e hefyd.
DAI:	Gei di briodi hi fory os wyt ti moyn! Ond ma'n rhaid i fi gal amser i feddwl cyn gwneud penderfyniad fel hyn.
KEITH:	Digon teg Mr Jones. Ond alla i eich temptio chi gyda miliwn?
DAI:	Be? Miliwn?!
KEITH:	A wi'n deall, dyw e ddim yn ddigon. Yym..
DAI:	Digon? Wrth gwrs bod e'n ddigon achan!
ANN:	Dai ma' fe'n gynnig rhy dda i'w droi lawr.
DAI:	Odi ti'n iawn. Wel wi'n credu allai ddweud bod dêl 'da ti Keith!

Y ddau yn ysgwyd dwylo.

KEITH: Grêt! Esgusodwch fi am funud. Dwi wedi gadel fy iphone i yn glove compartment y Merc. Fydd rhaid i fi ffonio'n nghyfreithwr i drefnu fory.

ANN: Ok Keith!

KEITH: Odi fory yn rhy gynnar i chi arwyddo Mr Jones neu odych chi angen mwy o amser i feddwl?

DAI: Fory? Ma' fory'n siwto fi i'r dim!

KEITH: Ok, dau funud…

Keith yn gadael.

DAI: Ti 'di bwrw'r jacpot fan'na Elen! Ma' Keith i'w weld yn foi deche.

ANN: O ti ddim ishe nabod e cyn bod ti'n clywed am ei arian e.

ELEN: Ma fe'n berffaith Dadi!

ANN: Wel odych chi 'di penderfynu ar ddyddiad y briodas?

ELEN: Y'n ni ddim ishe hasti, ond i ni wedi siarad am gal priodas yn yr hydref.

DAI: Hydref? Paid â bod yn sili groten, fydd hi lot yn rhy wlyb 'ma adeg 'ny.

ELEN: Ond i ni 'di bod yn siarad am briodi dramor. Mas yn yr haul.

DAI: Dramor!? Dim chance merch i. Fydd rhaid i ti briodi 'ma! Man y man neud diwrnod ohoni ac os ma' haul wyt ti moyn, fydd rhaid i ti briodi mis Awst!

ANN: Www allwn ni gal marcî mas yn cae dan tŷ!? Na lle briodes i a dy dad! Ow odd hi'n ddiwrnod ffein, yn do'dd hi Dai?

DAI: O odd, yn doedd hi! Fydd rhaid i fi neud tro a'r baler sda fi am flwyddyn arall 'fyd, achos fydd ishe gwario arian ar yr hewl.

ANN: W ti'n iawn Dai. Y'n ni ddim moyn i deulu Keith feddwl ma' tramps i ni 'ma. A fydd raid i fi gal diwrnod yn Gaerdydd yn siopa am ffrog a hat newydd!

ELEN: I chi'ch dou i weld yn fwy egseited na fi!

DAI: Wel i ni moyn i ti a Keith gal dwrnod i'r brenin yn d'yn ni Ann?

ANN: Odyn odyn. Wi'n siŵr fydde Tim Llainwen yn hapus i ddod i dynnu llunie, allen ni gal Glenys y Clwb Rygbi i ddod i neud y bwyd a wedyn rhostio mochyn yn y nos.

DAI: A ti'n gwbod be yw'r peth gore? Alla i gal bolied o gwrw yn dydd a fydd dim ishe i fi fecso am lifft adre achos fyddai ar stepen yn nrws i bron bod!

ANN: W fi ffili aros! Fydd hi'n ddiwrnod a hanner wi'n siŵr!

Mae Dai, Ann ac Elen yn rhewi. Enter Keith ar flaen y llwyfan drwy ochor y llenni. Mae e ar y ffôn a fel petai e'n crwydro rownd y clos.

KEITH: Yes everything's gone like a watch…the bloody fools have only gone and believed every word of my story…

Mae llythyr yn disgyn allan o boced ei siaced ac yn disgyn ar y llawr. Enter Ifan yn anymwybodol i Keith. Mae picwach yn ei law. Mae'n gwrando i fewn ar sgwrs Keith.

Yes…I know, six long months of dating that disgusting stinking farmer's daughter. Oh well, its all going to pay off tomorrow… This place will be mine… sorry 'ours'… It really is the perfect place for our wind farm… And yes the house has a potential to be your dream palace! Ha! What?… Marry that ugly cuckoo… she wishes…

Exit Keith. Mae'n dal ar y ffôn ond fel petai yn crwydro i ardal arall o'r fferm.

Mae Ifan yn rhedeg drwy ochor y llenni oddi ar y llwyfan ac mae'r cymeriadau yn dod yn fyw eto.

DAI: A ti 'di meddwl shwt lice ti gyrraedd y capel?
ELEN: Nagw Dadi ma' digon o amser to!
DAI: Beth am geffyl a cart? Ma' nhw'n cal 'i iwsho itha amal dyddie 'ma
ANN: W ie, ma' 'na yn bert!

Enter Ifan. Mae'n rhedeg i fewn fel cath i gythraul.

IFAN: Dai! Dyw e ddim y boi i chi'n meddwl yw e!
DAI: Ca dy ben, Ifan achan.
ANN: Car dy dad es i i'r capel ynddo. Ti'n cofio'r hen Vauxhall 'na Dai?
IFAN: Gwrandwch!! Mrs Jones gwrandwch! Wi newydd 'i glywed e ar y ffôn!
DAI: I gofio fe ydw, shwt allen i anghofio'r hen groc!

Dyw Ifan ddim yn cael ymateb felly mae'n neidio i ben stôl ac yn gweiddi.

IFAN: Gwrandwch be sda fi weud! Gwrandwch! Dai! Mrs Jones!!

DAI:	Ifan dere lawr o'r stôl 'na. Os colled arnot ti?
IFAN:	Dyw y Keith 'ma ddim y boi i chi'n feddwl yw e!
ELEN:	Be?
DAI:	O paid â gwrando arno fe bach.
IFAN:	Wir, plis credwch fi! Wi newydd 'i glywed e ar y ffôn tu fas!
ELEN:	Wel, ma' fe mas yn siarad 'da'r cyfreithwr yn gwneud trefniadau ar gyfer fory!
IFAN:	Nagyw ddim!
ANN:	Ifan achan dere lawr o'r stôl 'na!
IFAN:	Jyst grandwch ar be sda fi i weud! Ma' fe Keith yn plano troi'r lle 'ma yn ffarm wynt!
DAI:	Be?
ELEN:	Dadi gwedwch wrtho fe stopo!
DAI:	Aros funud i fe gal gweud be sda fe i weud.
IFAN:	Wel o'n i ar yn ffordd lan i'r shed dop i garthu dan y llou bach a glywes i fe ar y ffôn so wrandes i mewn!
ANN:	A be wedodd e?
IFAN:	Wel wedodd e 'This place is the perfect place for our wind farm, a 'the house has the potential to be your dream palace!' Na be wedodd e! Plis credwch fi!
ELEN:	Pidwch grando arno fe Dadi. Ti bownd o fod 'di camddeall!
IFAN:	Wi'n gwbod be glywes i! A wedodd e 'marry that ugly cuckoo. She wishes!'
ELEN:	Beth?
IFAN:	Ie ie ti yw honno!
ELEN:	Ugly cuckoo?!
DAI:	On i'n gwbod bod rhywbeth doji am y Keith 'ma!
ANN:	Nagot ti ddim Dai, gredes di fe fel ni gyd.
DAI:	Naddo ddim. O'n i 'di senso rhywbeth o'r funud gwrddes i fe!
ELEN:	Dadi, Mam plis stopwch!
IFAN:	A ffindes i hwn ar llawr y clos! Llythyr yw e i gonffirmo bo nhw 'di derbyn y cais am y fferm wynt 'ma!

Daw Keith mewn. Mae'r ffôn yn ei law ac mae'n rhoi e yn ôl yn ei boced fel petai newydd ei ddiffodd.

KEITH: Popeth wedi sorto da'r cyfreithwr. Na gyd sda chi neud nawr Mr Jones yw arwyddo!

Mae pawb yn edrych yn gas arno.

DAI:	Gwranda di 'ma' gwboi, y'n ni 'di clywed am dy blans di.
KEITH:	Be? Sori dwi ddim yn deall.
ELEN:	Glywodd Ifan ti ar y ffôn, ag y'n ni'n gwbod popeth! Ti 'di neud ffŵl ohona i! Ugly cuckoo, ife 'na'n wir be ti'n meddwl ohona i?!
KEITH:	Be? So chi'n mynd i gredu'r idiot 'na i chi!?
IFAN:	Gwranda di 'ma gwboi..
DAI:	Falle 'i fod e'n idiot, ond ma' fe 'di dy ddala di mas!
KEITH:	Wi ddim yn gwybod beth i chi'n sôn amdano fe… wir nawr…
DAI:	Sai ishe clywed rhagor o dy gelwydde di! Y'n ni'n gwbod popeth! Dy blans di i newid y lle 'ma fewn i ffarm wynt, ag i ni'n gwbod nagoes bwriad 'da ti briodi Elen!

Mae Keith yn rhedeg i ffwrdd o'r llwyfan. Mae Ifan yn tynnu ei siaced.

IFAN:	Odych chi moyn i fi fynd ar 'i ôl e bos? Geith e gwd colbad da fi os gai afael ynddo fe!
ELEN:	Na! Gad iddo fe fynd. Sai moyn ei weld e byth 'to!

Elen yn llefen erbyn hyn.

ANN:	Paid â becso bach. O leia, y'n ni'n gwbod y gwir nawr. I ti'n haeddu lot gwell na'r rhacsyn 'na ta beth!

Mae Ifan yn edrych mas trwy'r ffenest.

IFAN:	Dai, Ann, dewch 'ma i weld hyn!
DAI:	Be sydd 'na?
IFAN:	Drychwch be sy'n rhedeg lan y lôn!
DAI:	Dozer!
IFAN:	Go on Dozer!
DAI:	On i'n gwbod fod e werth yr arian mowr na dales i amdano fe! Go on Dozer.
IFAN:	Rho corn yn ei din e! Go on!

Mae'r tri ohonynt yn gwaeddi 'come on Dozer' 'go on boi'!

DAI:	Wel o leia' ma' fe gatre'n saff nawr!
ANN:	Ond ma pethe 'di gweitho mas yn oreit erbyn diwedd, Ma' Keith 'di talu PC Evans i gadw'n dawel, a'n fwy na dim, ma' Dozer 'di dod gatre!

DAI: Dere i fi gal gweld y llythyr 'na Ifan.
IFAN: 'Na chi bos.

Mae Dai yn agor y llythyr ac yn ei ddarllen.

DAI: Mr Keith Smith. Mynydd Ucha Farm..This is a letter to the owner of Mynydd Ucha farm. Rhacsyn a fe, odd e 'di listo'i hunan fel owner y lle ma'n barod! To confirm that we have accepted your enquiry for a windmill farm. Your land is in perfect condition for the windmills, in fact the best we have seen this year. We are interested in building a farm that would consist of 10 windmills on a rent of £20,000 per windmill per year.
IFAN: £100,000 a year Dai! Alle chi affordo 5 o falers da'r arian 'na!
DAI: Wel os o'n nhw'n barod i roi meline gwynt iddo fe… wi'n siŵr fydda nhw'n barod i roi meline gwynt idda i! A na ddiwedd ar yn financial problems ni!
ANN: Ti'n gweld!
DAI: Allith hyn ddod yn ddechre newydd i ni gyd!
IFAN: Odi hyn yn meddwl fod yn jobyn i'n saff?
DAI: Odi wrth gwrs bod e!
IFAN: Ies!
ELEN: Diolch i ti Ifan am bopeth! Ti'n werth y byd wyt!
IFAN: O dyw e'n ddim byd. Wir i ti!
ELEN: Finne 'di bod mor dwp. Odd dim ishe i fi fynd holl ffordd lawr i Gaerdydd i ffindo dyn odd e!
IFAN: Be? Sai'n deall

Mae Elen yn rhoi snog fawr i Ifan sy'n dal ei freichiau allan mewn sioc. Dyw e ddim yn siŵr os yw e fod i gau ei freichiau amdani. Mae'n disgyn ar y soffa a'i freichiau'n dal ar led ac Elen ar ei ben e.

Dai ac Ann yn gwneud ystumie ar ei gilydd i adael.

Dai ac Ann yn gadael.

Mae Ifan yn cau ei freichiau am Elen ac mae'r ddau yn cusanu.

Golau i lawr. Llenni'n cau.

Y DIWEDD